AF403923

UNE PAGE D'HISTOIRE LOCALE

L'HOPITAL

DE

SOMMIÈRES

par

A. LOMBARD-DUMAS

Se vend au profit des Pauvres

SOMMIÈRES
IMPRIMERIE DEMONTOY & DEJUSSIEU
1901

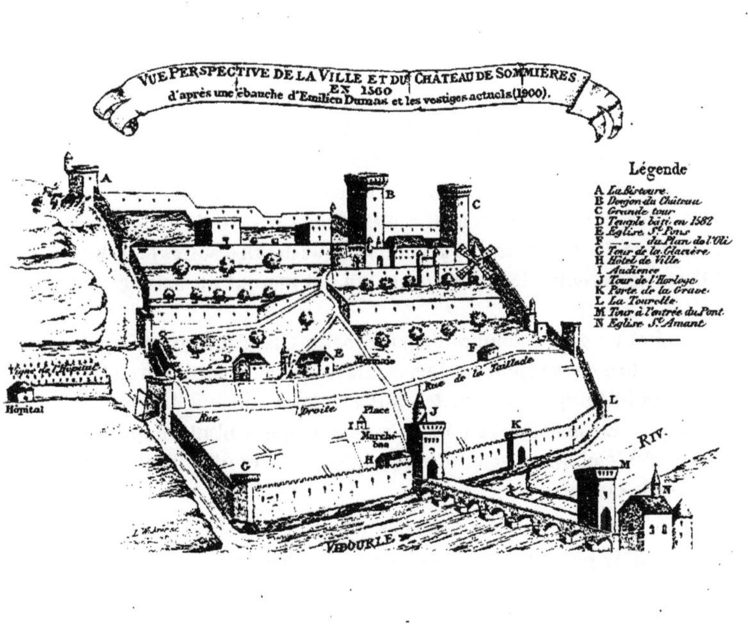

VUE PERSPECTIVE DE LA VILLE ET DU CHÂTEAU DE SOMMIÈRES
EN 1560
d'après une ébauche d'Emilien Dumas et les vestiges actuels (1900).
Légende
A La Bistoure.
B Donjon du Château
C Grande tour
D Temple bâti en 1582
E Eglise St Pons
F — " — du Plan de l'Oli
G Tour de la Glacière.
H Hôtel de Ville
I Audience
J Tour de l'Horloge
K Porte de la Grave.
L La Tourelle.
M Tour à l'entrée du Pont.
N Eglise St Amant
Hôpital
Tour de l'Hôpital
Rue Droite
Place
Marché bas
Rue de la Taillade
RIV.
VIDOURLE
A
B
C
E
F
G
H
I
J
K
L
M
N

PRÉFACE

Nous possédons une *Histoire de la ville de Sommières*.

Un ancien maire, Emile Boisson, a consacré de longues années et un incontestable talent à fouiller nos vieilles archives, et il a publié, en 1850, sur la vie de notre cité à travers les siècles, un livre intéressant et documenté.

Sans vouloir diminuer le mérite de ce travail, qui a jeté les premiers rayons de lumière sur le glorieux passé de notre ville, il nous sera permis de dire qu'il n'est pas définitif.

Et d'abord, il est incomplet. Obéissant à des scrupules très honorables, Emile Boisson s'est arrêté, dans ses investigations, au seuil même de la Révolution Française. Il a laissé à d'autres la tâche délicate de raconter les évènements qui ont marqué ou suivi cette période troublée.

Ensuite, un grand nombre de nos concitoyens n'ont accepté que sous bénéfice de révision les jugements de l'auteur sur les grandes questions historiques ou sur les luttes locales qui ont passionné nos pères. En histoire, comme en acoustique, qui n'entend qu'une cloche n'entend qu'un son; il serait intéressant et utile d'entendre la seconde cloche.

L'œuvre d'Emile Boisson demande donc à être revisée, complétée et poursuivie jusqu'à des temps plus rapprochés de nous.

Mieux que personne M. Lombard-Dumas était qualifié pour accomplir cette tâche. Comme son beau-père Emilien Dumas, dont il est le disciple et le continuateur, il a le goût des vieux parchemins et des recherches scientifiques. Son esprit droit se serait naturellement élevé à l'impartialité qu'exige l'étude des grands faits généraux et de leurs répercussions locales. L'œuvre était digne de lui ; elle a dû certainement le tenter. Mais, pour cette fois, il a résisté à la tentation et il s'est contenté de combler une lacune en écrivant ce qu'il a modestement appelé *Une Page d'Histoire locale*.

Les fonctions d'Ordonnateur de l'Hospice et du Bureau de Bienfaisance de notre ville, qu'il remplit depuis plus de vingt ans avec un infatigable dévouement, ont fait naître en lui le désir de rechercher les origines de ces établissements et d'en étudier les ressources et le fonctionnement dans les siècles passés. Sous la poussière de nos vieux documents, il a suivi, avec un intérêt passionné, le développement de toutes nos œuvres de bienfaisance. S'il n'a pu remonter jusqu'à leur origine qui se perd dans la nuit des temps, il a nettement constaté, dès le XII⁰ siècle, leur existence et leur activité. Puis il les a vues, sous les formes les plus diverses (Léproserie, Hôpital, Mont-de-piété, Confrérie....), avec des revenus toujours incertains, à travers toutes nos vicissitudes locales, s'ingénier à soulager la souffrance humaine.

Et il a pensé qu'il serait bon et utile d'extraire de nos archives, avant que le temps ou la dent des rongeurs les aient anéanties, tout ce qui rappelle les efforts de nos pères en vue de combattre ou d'atténuer les maux qui, de tout temps, ont accablé notre pauvre humanité. Il s'est dit que, sauver de l'oubli les noms, même les plus humbles, de ceux qui ont été dans le passé les bienfaiteurs ou les serviteurs dévoués des pauvres, ce serait peut-être susciter, au profit des malheureux de l'avenir, de nouveaux dévouements et de nouveaux bienfaits.

Tous nos compatriotes penseront comme M. Lombard-Dumas, et liront avec fruit ce petit livre d'érudition et de patriotisme Sommiérois. Il est écrit sans autre préoccupation que le souci de la vérité, dans un style approprié au sujet et dont la simplicité voulue n'exclut ni l'élégance ni la couleur. La clarté et la méthode qui président aux divisions de l'ouvrage et à l'exposition des faits en rendent la lecture facile et attrayante. Tous les renseignements sont puisés aux sources mêmes, et les déductions, quand l'auteur est obligé d'y avoir recours, sont de nature à satisfaire les esprits les plus rigoureux.

En même temps qu'un esprit de vérité et de justice, un souffle d'inaltérable bienveillance circule à travers toutes les pages du livre. M. Lombard-Dumas est heureux de rendre hommage à toutes les bonnes volontés, à tous les dévouements. C'est avec une satisfaction évidente qu'il met en lumière les services rendus par tous ceux qui, à un titre quelconque, ont été attachés au service des pauvres : médecins, recteurs, trésoriers, visiteurs, etc..., et surtout par les femmes charitables qui, sous le bonnet blanc des laïques ou la cornette des religieuses, ont donné leurs soins aux hospitalisés ou porté les secours dans les domiciles ravagés par la misère. Dans l'énumération des dons faits à notre hospice, il fait une large place au testament Saussine, dont il raconte toutes les péripéties, et il se réjouit des avantages qu'une bonne administration saura retirer, pour nos pauvres et nos malades, des legs de notre bienfaitrice, les plus considérables qu'ils aient encore reçus. Rencontre-t-il sur sa route quelque défaillance dans la gestion des biens des pauvres, quelque négligence ou quelque abus dans l'accomplissement des devoirs de la charité, son récit en est attristé ; mais il n'a garde de passer sous silence des actes d'autant plus coupables que les fonds destinés à apaiser la faim ou à soulager la souffrance doivent être pour tous, prêtres ou laïques, doublement sacrés.

L'œuvre de M. Lombard-Dumas appellera l'attention de nos concitoyens sur la part honorable prise par nos pères à la lutte que toutes les générations ont à soutenir contre la maladie ou la misère et contre tous les fléaux qui, surtout avant la Révolution Française, s'abattaient si lourdement sur un peuple odieusement pressuré. Pour laisser dans l'histoire des traces moins éclatantes que le conflit, éternel et trop souvent sanglant, des partis politiques et religieux, cette lutte n'en est pas moins glorieuse. Elle a le privilège de réunir en un seul faisceau, même aux heures les plus troublées, toutes les bonnes volontés et tous les bons cœurs ; elle est de tous les temps et demande des efforts, des sacrifices et des dévouements sans cesse renouvelés.

De nos jours, la misère recule devant l'instruction et le progrès, mais elle est loin d'être vaincue. La société actuelle cherche à l'éteindre en multipliant les œuvres d'assurance et d'assistance sociales, en améliorant, par une législation prévoyante et protectrice, les conditions d'hygiène et de travail des masses laborieuses. Elle marche, à tâtons encore, vers l'application intégrale de ce grand principe de solidarité humaine qui demande, pour tous les souffrants et tous les déshérités de ce monde, plus que la pitié, la Justice, plus que l'aumône, le Droit !

Mais hélas ! l'âge d'or est loin dans l'avenir comme il est loin dans le passé. A côté des efforts de l'esprit et de la raison pour résoudre le problème de la misère, longtemps encore il y aura place pour les élans du cœur.

En écrivant cette *page d'Histoire locale*, M. Loubard-Dumas a fait un bon livre et une bonne œuvre. Il a donné à son pays d'adoption un nouveau gage de son filial attachement. Il a aussi affirmé une fois de plus le dévouement à la science et l'amour du bien public qui sont de tradition dans la maison du grand savant Sommiérois, Emilien Dumas.

Frédéric GAUSSORGUES (1)

Sommières, Juin 1901.

---

(1) Ancien Maire de la ville de Sommières, ancien Conseiller général du Gard, ancien Député de l'arrondissement du Vigan.

INTRODUCTION

L'Hospice de Sommières, par son origine, comme par le bien qu'il procure autour de lui depuis près de sept siècles, est un établissement digne d'intérêt. Il est un des plus anciens du Midi de la France. Depuis plus de vingt ans, la confiance de mes concitoyens m'ayant placé et maintenu à la tête de son administration, il m'a paru curieux d'étudier son passé, de suivre le développement progressif du chétif abri d'abord consacré aux pauvres durant le moyen-âge, de relever les étapes qu'il a parcourues avant d'atteindre enfin à la situation si large, si confortable dont à bon droit la petite ville de Sommières peut tirer quelque satisfaction.

Notre époque d'ailleurs aime de plus en plus à vivre dans le passé. C'est un goût très sain. Indépendamment du plaisir qu'on éprouve à sauver de l'oubli de précieux souvenirs qu'un rien peut détruire à jamais, on rencontre toujours, çà et là, des instructions, des leçons salutaires profitables au présent.

Cette histoire d'un petit coin d'une petite ville n'est pas dépourvue de bons exemples. On y trouvera, avec quelque surprise peut-être, l'organisation naissante de la bienfaisance publique. Avant le XIᵉ siècle, le clergé seul avait le monopole de la charité; les dons, les aumônes n'allaient qu'à lui; il était l'unique intermédiaire entre le misérable et son bienfaiteur. Cette situation se prolongea plusieurs siècles encore. Elle était très profitable aux abbayes, aux couvents: dans notre voisinage, le couvent de Psalmodi, au moment où il fut sécularisé par François Iᵉʳ, en 1537, et transformé par le pape Paul III en un Chapitre collégial, jouissait d'une grande fortune ; le revenu de l'abbé-doyen était de 18 à 20 mille livres, et celui de chaque chanoine de 8 à 900 (1), soit de 70 à 80 mille francs de nos jours pour le premier, de 3,200 à 3,600 pour les autres ; d'après Emile Boisson *(De la ville de Sommières)*, les Cordeliers, à peu près à la même date, possédaient, ici-même, 8,000 livres de rente, soit environ 32,000 francs de notre monnaie. Certainement les pauvres recevaient leur part de tant de grosses prébendes, mais qu'était cette part ?

Vers le XIe siècle, lorsque les hôpitaux s'organisèrent, les donations commencèrent à prendre un autre cours, à venir plus directement aux pauvres ; sans cesser pourtant d'oublier le clergé, la charité publique s'éveillait en leur faveur. Ils étaient d'ailleurs si nombreux !

Nous savons qu'au milieu du XVIIIe siècle, indépendamment des ouvriers étrangers à la ville, et des infirmes que l'exiguité de son Hôpital ne permettait pas d'y loger, on distribuait des secours à 200 pauvres de Sommières. Dans quelle proportion, combien étaient-ils six cents ans auparavant ?

Peu à peu, lentement, la dotation de notre Hôpital se constituait ; elle a suivi jusqu'au milieu du XIXe siècle une marche ascendante. Mais, depuis un certain nombre d'années, il devient facile de noter qu'un ralentissement s'opère dans ce courant de la bienfaisance envers notre établissement de charité publique. Sous quelle influence ? — Toute réponse serait peut-être prématurée. Il est permis toutefois de se demander s'il n'y a que simple coïncidence entre la récente prospérité des nombreuses congrégations que l'on voit s'épanouir en France, sous l'indifférence ou sous l'égide même des lois républicaines, et l'oubli dans lequel paraissent tomber les pauvres.

____

(1) Di Pietro, *Hist. d'Aiguesmortes.*

Heureusement, de son côté aussi le paupérisme est en décroissance. Au dénombrement de 1734, Sommières comptait 703 feux, soit 2,812 habitants sur lesquels, nous venons de le dire, on avait à secourir plus de 200 indigents. Bien que la population ait presque doublé depuis cette époque, le nombre des pauvres a décru des trois quarts. On est même en droit d'espérer leur disparition à peu près complète sous l'influence des idées sociales modernes et de leur application.

A l'Hôpital seul incombait autrefois l'entretien et le soulagement de tous les pauvres de la ville; depuis l'organisation qui suivit la Révolution française, cet établissement charitable n'est plus consacré qu'aux vieillards, aux infirmes et aux malades, et ses douze lits suffisent amplement à cette tâche : un Bureau de Bienfaisance fonctionne parallèlement avec lui pour venir en aide aux infortunes momentanées.

La récente loi Roussel, sur la *Protection de l'enfance*, n'a fait qu'étendre et régulariser une coutume bienfaisante pratiquée depuis longtemps à Sommières; on trouvera ici de curieuses preuves de son ancienne application dans notre petite ville qui en avait de beaucoup devancé les principales dispositions; on constatera en même temps une amélioration, considérable par rapport aux deux siècles précédents, réalisée dans la moralité de nos populations.

Sommières fut aussi une des premières villes de France à fonder, à côté de son Hôpital, un établissement de charité publique qui fonctionna longtemps quoique avec très peu d'activité, sous le nom de Confrérie de *Notre-Dame de Bon Secours*. C'était un *Mont-de-piété*. Cette institution, que l'on proposait de généraliser, mais qui fut repoussée comme impie par les Évêques réunis aux États généraux de 1614, fut néanmoins adoptée ici dès 1677. Il est fort honorable pour notre petite ville d'avoir pris une telle initiative un siècle avant Paris et cinquante ans avant son adoption générale en France. C'est à ce titre qu'il nous a paru bon d'en parler aussi, malgré l'extrême longueur de la monographie de notre Hôpital.

Et à ce propos, le lecteur trouvera sans doute que je ne lui ai pas fait grâce de la circonstance la plus légère : il était pourtant si facile de lui éviter cet ennui ! On raconte que Voltaire, à qui l'on présentait l'historien Ménard comme l'auteur de l'*Histoire de la ville de Nismes* en sept volumes in-4°, s'écria : « Sept « volumes, Monsieur ! et combien vous en eût-il fallu « pour l'histoire de l'Univers ! »

Mais c'est pour mes concitoyens seuls que j'écris cette page de leur histoire. Ceux d'entre eux qu'elle intéresse ne se plaindront pas d'y trouver tant de menus détails ; les autres n'ont qu'à ne pas ouvrir le livre : ils y perdront bien peu.

Sommières, décembre 1897.

L'HOPITAL DE SOMMIÈRES

PREMIÈRE PARTIE

L'Hôpital avant la Révolution Française

CHAPITRE I.

ORIGINES. — HOPITAL S'-JACQUES. — LÉPROSERIE.

« L'origine de l'Hospice de Sommières se perd dans » la nuit des temps », lit-on aussi bien dans les registres où sont consignées les anciennes délibérations des administrateurs de cet Établissement, que dans l'Histoire de Sommières (1). Cette formule, vraie jusqu'à un certain point, ne paraît cependant pas devoir dispenser de pousser les recherches jusques aux temps où l'on peut espérer voir poindre quelque lumière. Il est certain que nos archives sont muettes sur l'époque précise de la fondation d'une maison hospitalière parvenue jusques à nous à travers tant de siècles et ne nous apprennent rien de son existence avant les premières années du XIII°.

Est-ce à dire que la charité chrétienne ne se préoccupât point encore du sort des malheureux et des faibles ? Après l'occupation de notre pays par les Wisigoths, après l'expulsion des Sarrazins, sous la domination de Charlemagne et de son successeur Louis-le-Débonnaire, on vit se relever quelques églises et s'édifier de nombreux couvents richement dotés par la piété des fidèles que le prochain avènement de l'an 1000 faisait trembler pour leur salut éternel. La fin du monde était proche, il

____

(1) E. Boisson, *De la ville de Sommières*, sans date, mais de 1832 environ.

devenait urgent de gagner la faveur céleste ; chacun n'ayant d'autre souci que celui de son propre salut laissait aux moines le soin du soulagement des pauvres.

Si nous étudions ce qui se passait alors autour de nous, on voit les abbayes de St-Gilles et de Psalmodi, à la diète d'Aix-la-Chapelle (817), comprises parmi les 54 monastères qui ne devaient rien à l'Empereur que des prières. Nulle part il n'est encore question d'Hospices, tout est donné au clergé.

Mais après la date fatidique tant redoutée, — après qu'eut passé l'an 1000 laissant en paix les mortels, — une explosion de joie et de reconnaissance envers celui qui venait d'épargner le monde fit surgir partout de nouvelles églises, des chapelles, une foule de couvents (1). Puis une réaction profonde se produit dans la chrétienté ; un relâchement inouï s'opère chez les grands et les gens d'Eglise. Il fallut l'autorité et l'énergie de Grégoire VII pour s'opposer à ce courant d'impiété ; l'intelligence d'Urbain II pour le détourner et le transformer au profit de l'Église.

Les Sarrazins, bien qu'expulsés de France depuis longtemps et confinés au midi de l'Espagne, restaient toujours les maîtres des côtes barbaresques d'où leurs pirates fondaient à travers la Méditerranée, portant périodiquement la terreur sur notre littoral, venant

---

(1) La formule que l'on rencontre le plus communément dans les testaments de cette époque était ainsi conçue: *Pro salute animæ meæ, do et concedo Deo et Ecc'siæ Beatæ Mariæ et monachis deo serrantibus....*

Avant l'an 1000, une formule différente exprimait la crainte de la prochaine fin du monde. On lisait en tête de certains actes publics: *Mundi termino appropinquante, ruinisque ejus crebrescentibus, jam certa signa manifestantur, ideirco ego.....* et quelques fois, cette variante: *Mundi termino adpropinquante, jam ruinis ejus crebresentibus, diem judici considerans propinquare, ego.....*

Chartes et documents pour servir à l'hist. de l'Abbaye de Saint-Maixens, publiés par A. Richard, archiviste de la Vienne, dans les *Archives du Poitou,* t. XVI.

parfois prendre pied, s'établir même sur les bords du Rhône, comme pour ressaisir la possession du sol français. En Orient, leur domination se faisait lourdement sentir sur les populations chrétiennes; ils massacraient, parfois en nombre effrayant, les pèlerins qui se rendaient en Terre-Sainte; il était temps de les refouler sur la côte d'Afrique et de conquérir sur eux le libre accès de la Palestine.

Ce fut donc contre les Sarrasins que la papauté détourna les préoccupations du clergé, des nobles et des peuples. Urbain II vint lui-même au concile de Clermont prêcher la première croisade (1095). A la voix de Pierre l'Hermite un immense enthousiasme s'empare des petits et des grands : Raymond de St-Gilles, en prenant la croix, donne aux pauvres toutes ses richesses; beaucoup de nobles l'imitent; la croisade suscite de nombreux établissements charitables. Au milieu du XIIe siècle s'instituent les ordres des Chevaliers du St-Sépulcre, des Chevaliers de St-Jean de Jérusalem, des Chevaliers du Temple. Tous ont pour but la défense de l'Orient chrétien ou la protection des pèlerins.

En faveur de ces derniers se développe tout un système de bienfaisance : les ponts s'édifient sur les fleuves; les monastères, sur les points de passage dangereux où les plus exposés au brigandage. Les hôpitaux dérivent de cette fondation : tel, en 1120, l'Hôpital de l'Aubrac, près de Rodez, fondé par Adalard, vicomte de Flandre qui, revenant de Compostelle, avait été assailli dans le désert de ce haut plateau. Il y établit un monastère où des chevaliers formaient escorte aux pieux voyageurs, où des frères soignaient les malades.

St-Gilles était un port commode aux pèlerins; ceux du Languedoc y affluaient. Raymond, ou son fils Bertrand, fondèrent en ce lieu, qui dépendait de leur domaine, un hôpital pour abriter ou soigner les passagers : les Frères hospitaliers de St-Jean-de-Jérusalem furent chargés de son administration. Pierre d'Anduze et Pons de Montlaur avaient été des premiers gentilshommes à embrasser l'institut de cet ordre de chevalerie : ils sont nommés dans la donation que fit, en 1117, Aton, archevêque d'Arles, à l'hôpital du St-Sépulcre, déjà fondé en Orient depuis la prise de Jérusalem par les croisés (1099), et c'est de cette donation que date l'origine de la commanderie de Trinquetaille (1).

On sait que la paroisse de St-Amant, située sur la rive droite du Vidourle à l'entrée du pont de Sommières, dépendait du prieuré de St-Gilles ; serait-il étonnant qu'une maison dépendant de cette abbaye eût été instituée sur ses terres pour y recevoir les pèlerins allant en Terre-Sainte ou en revenant. D'autre part, l'historien de Nîmes (2) nous apprend que l'abbaye de Franquevaux (3), déjà fondée en 1143, possédait au commencement du XIII° siècle, soit vers 1209, des hôpitaux à Nîmes, à *Sommières,* à Lunel.

Il est donc permis d'affirmer avec une parfaite certitude la création d'un hôpital à Sommières vers la fin du XII° siècle.

Dès les commencements du XIII°, en effet, l'organisation de cette maison apparaît aussi complète qu'elle le sera dans la suite : elle avait un Directeur, des Conseillers; elle possédait des terres et des rentes, et vivait d'une existence indépendante. Un acte de l'an 1207, — c'est le plus vieux des parchemins conservés

----

(1) *Hist. du Languedoc,* t. II, p. 362.

(2) Ménard, *Hist. de Nismes,* t. VII, p. 617, *Notice de la Viguerie de Nismes.*

(3) Une partie de la Coustourelle, cette colline contre laquelle est adossée la ville de Sommières, appartenait à Pierre de Crouzel, abbé de Franquevaux, bien avant 1618. *(Arch. de l'Hôp. de Sommières).*

en nos archives, — porte *Reconnaissance féodale* au profit de l'hôpital sur plusieurs pièces de terre situées à Villevieille. Ce titre établit donc que l'hôpital de Sommières, non seulement existait en 1207, mais qu'il était déjà le suzerain depuis au moins 30 ans (1) des parcelles qui lui sont ici reconnues ; il reporterait donc à l'année 1177, au moins, la date de sa fondation.

A cette époque cependant le mot d'Hôpital, dérivé du néo-latin *hospitaculum,* auberge, ne lui était pas encore appliqué, pas plus à celui-ci qu'à d'autres. Une *Confrérie* distribuait les secours et recevait les dons destinés aux pauvres, comme en témoigne un acte de 1183 par lequel Bernard d'Anduze accorde à cette confrérie, qui n'est pas autrement désignée, le droit de coupe sur les blés vendus au marché du samedi dans la ville de Sommières.

Quoiqu'il en soit, notre modeste établissement est certainement l'une des plus anciennes fondations de la charité dans le midi de la France.

Nous allons essayer d'en reconstituer l'histoire, mais après avoir dit quelques mots de l'*Hôpital St-Jacques* et de la *Léproserie,* qui paraissent devoir leur existence à la même initiative et fonctionnèrent parallèlement à l'hôpital des pauvres à une époque très reculée.

Hôpital St-Jacques.

St-Jacques, patron de l'Espagne, avait son tombeau en Galice. Après l'intervention miraculeuse du saint, qui sortit de son tombeau et monta sur un cheval blanc pour décider la victoire incertaine contre les

____

(1) On sait que le bail en emphytéose était un mode de transmission de la propriété fort en usage au moyen-âge ; sa durée était le plus souvent limitée à un siècle ; mais parfois il comportait renouvellement au moins trentenaire du titre de propriété, sous peine de prescription en faveur de l'emphytéote. L'acte de renouvellement s'appelait *Reconnaissance à nouvel achapt.*

arabes à la bataille de Logroño (843), un pèlerinage célèbre s'établit au lieu où reposaient ses reliques (1). Compostelle, durant une grande partie du moyen-âge, vit affluer des multitudes de pèlerins. Dans toutes les grandes villes s'établirent des hôpitaux pour les héberger. Nimes, dès 1321, en possédait un, dont M. Bondurand nous a fait connaître les statuts (*Mém. de l'Acad. de Nimes*, 1883); il était situé près de la porte Saint-Antoine. Il fut vendu en février 1484 et son mobilier vint augmenter celui de l'Hôtel-Dieu (abbé Goiffon, *Mém. de l'Acad. de Nimes, 1896*). Beaucaire avait aussi le sien, et certaines traces errantes dans les archives de l'Hôpital de Sommières semblent établir que notre petite ville pouvait également offrir l'hospitalité aux pèlerins dans un établissement desservi ou entretenu par la *Confrérie* de St-Jacques.

Cette institution disparut, nous ne savons exactement l'époque, mais certainement à la fin du XIV* siècle; en 1349, elle avait un recteur et soutenait des procès; un, entre-autres, contre *Bertrand* Nougairol, prêtre, en raison des consives s'élevant à cent livres que *Pierre* Nougairol avait léguées à la confrérie de St-Jacques et qui furent, à la suite d'une transaction, assignées à prendre sur la *dismerie* de Notre-Dame. Ce Bertrand Nougairol, frère ou proche parent de Pierre, était lui-même fondateur d'une chapelle, celle de St-Michel, qui possédait des consives à Aujargues, à St-Saturnin-de-Gavernes, à St-Amant, à Saturargues, etc..., et que desservaient *quatre prêtres*.

En 1507 (acte Vital Portal, not* à Sommières), les consuls étaient patrons et collateurs de la chapelle de St-Jacques, sans doute par usurpation des revenus de

---

(1) L'apôtre St-Jacques le Majeur fut martyrisé à Jérusalem. Les chrétiens d'Espagne avait obtenu la faveur de posséder ses restes, qui furent déposés à Iria-Flavia, et de là, au IX* siècle, transférés à Compostelle.

la confrérie depuis longtemps éteinte. Charles IX, par lettres patentes du 1er août 1571, ordonna bien la restitution en faveur de l'Hôpital de Sommières des rentes de cette confrérie et de plusieurs autres fondations pieuses, mais comme on le verra plus loin, son ordonnance resta toujours lettre-morte.

La confrérie de St-Jacques, créée d'abord et affectée au seul usage des pèlerins de Compostelle, avait étendu ses libéralités à ceux qui revenaient de Rome (les *romieux*).

Léproserie

L'ordre religieux et militaire des *Hospitaliers de St-Lazare*, établi dès l'an 1119 à Jérusalem par les Croisés, avait pour mission spéciale de soigner ceux d'entre eux que la lèpre atteignait en Orient.

Importée en France, la hideuse maladie ne tarda pas à s'y répandre, et avec d'autant plus d'intensité que, tout d'abord, on avait négligé de prendre contre elle les mesures préventives que la prudence fit bientôt proscrire à la vue de ses affreux ravages. Elle nécessita, vers 1130, l'introduction de l'ordre des Hospitaliers de St-Lazare et, avec eux, l'établissement de maisons de refuge pour les malheureux frappés d'un mal inexorable qui les rendait à tous repoussants. On comptait en France, sous Philippe-le-Bel (1285), plus de vingt mille de ces maisons. Leur construction, leur entretien procédaient de la charité publique.

Les lépreux étaient en très grand nombre dans la ville de Nîmes. Durant tout le XIIIe siècle et jusque vers la fin du XIVe, les malades, surveillés par l'autorité royale, étaient rigoureusement sequestrés du reste du monde ; mais vers 1485 le mal s'atténuait rapidement. A cette époque, la maladrerie de Nîmes ne comptait plus que cinq lépreux : trois hommes, dont un prêtre, et deux femmes. Néanmoins, Ménard nous dit (*Hist. de*

Nismes, t. iv, P. p. 40) que les consuls, à qui incombait l'administration de l'Hôpital St-Lazare, édictèrent, firent publier et lire devant les lépreux réunis au devant de l'Hôpital, un règlement de police intérieure que nous citerons ici, en admettant que toutes les maladreries de France devaient être administrées à peu près de la même manière.

Un prévôt, ou *major*, nommé tous les ans et choisi parmi les malades, faisait serment de suivre et d'exécuter le règlement dans la maison. Tout habitant de Nîmes, frappé du mal de St-Lazare, était admis en payant 18 livres tournois ; il devait apporter un lit complet, six draps, deux plats et six écuelles d'étain ; les pauvres étaient reçus gratuitement, sans apport de meubles ; les étrangers payaient 25 livres tournois et fournissaient leur mobilier ; les passants lépreux n'avaient droit qu'à 24 heures d'hospitalité, sauf consentement et autorisation par les malades de la maison dé prolonger leur séjour ; tous étaient tenus d'aller entendre la messe quand elle se disait dans l'hôpital, sous peine de payer deux deniers, applicables à l'huile de la lampe. Tout malade devait faire là quête, sur l'ordre du Prévôt, sous peine d'être privé de la portion des quêtes qui se feraient ce jour-là.

Ce dernier article, aussi bien que celui relatif aux passants, démontre avec évidence que le mal n'avait plus l'intensité qui le rendait si redoutable aux siècles précédents. Cependant il existait encore plusieurs lépreux à Nîmes en 1565.

Mais il en restait bien encore en assez grand nombre dans la léproserie de Sommières puisque, aux mois de mai, juin et août 1536, les consuls prononcèrent l'admission de cinq lépreux ; un autre fut reçu le 23 mars 1537 et quatre, de juin à novembre 1538. Ces malheureux payaient entre les mains des consuls assistés des recteur et administrateurs de l'hôpital une somme variant de 15 à 30 livres tournois, à peu près comme à Nîmes ; la léproserie était ouverte aux malades de la ville comme à ceux des environs : il en fut même admis un de Durfort, un autre de Calvisson, un troisième de St-Chaptes ; un père y demeurait avec son fils, ladres tous les deux, un homme avec sa femme. Le 20 décembre 1592, le Conseil politique présidé par les consuls » arreste que Isabelle Laurier, pauvre fille ladre qui » est aux maladreries de ceste ville, se voulant marier, » estant seule aux maladreries, il sera vu par Messieurs » les Consuls ce que son père y appourta lorsqu'il la » vint loger dedans et que ceste somme qu'il s'atrouvera » avoir portée lui sera baillée. Et cependant le faict sera » communiqué à Messieurs du Bureau des pauvres de » l'hôpital pour y être plus amplement prouvé ainsi que » sera par les dits sieurs advisé et trouvé bon. »

La pauvre fille était donc, à la fin du XVIe siècle, le seul hôte de la maison des ladres. Enfin, une délibération de la fin du XVIIe (25 septembre 1676), affirme qu'il ne restait plus qu'un seul lépreux dans la maladrerie, vivant surtout du produit de ses quêtes. Le mal, dans nos contrées, dut s'éteindre avec lui (1).

Sommières, point de passage pour la plupart des pèlerins et des Croisés du midi de la France, fut sans doute contaminée et contrainte de très bonne heure à l'établissement d'une léproserie. Cette maison était située au faubourg du Pont, sur la rive droite du

(1) On sait que cette horrible maladie infeste encore de nos jours de misérables populations des Indes anglaises et se retrouve même au Cap de Bonne-Espérance. — La lèpre existe également dans les possessions françaises du Siam, en Cochinchine. Dans cette dernière province, le nombre des lépreux ne serait pas inférieur à 4,000 ou 4,500. Les hommes en sont six fois et demie plus souvent frappés que les femmes. (*De la Lèpre en Cochinchine et dans la presqu'île Malaise*, docteurs Cognacq et Mougeot, Saïgon 1890). En France, on estime encore à 400 le nombre des lépreux : ils sont dispersés en Bretagne, sur les côtes de la Méditerranée et à Paris où l'on en compte 150. Un sanatorium va être établi pour eux à St-Martin, dans les Vosges.

Vidourle, dans un quartier qui conserve encore le nom de St-Laze, par abréviation de St-Lazare; elle occupait l'angle formé par la rencontre des deux chemins qui vont, l'un à Puech-Bouquet, l'autre au Petit-Gallargues.

Doté par la charité, cet établissement possédait, dès le XIIIe siècle, des censives en Corbières sur le territoire d'Aujargues, à Fontanès, à Souvignargues, etc..., et plus tard, des terres, des vignes, des olivettes sur les territoires de Boisseron, de St-Amant et de Sommières.

En 1320, un lépreux nommé du Verdier, fait son testament et déclare que, désirant demeurer éternellement dans la mémoire des pauvres lépreux comme lui, il institue une messe qui sera célébrée tous les dimanches, à perpétuité, dans l'église de St-Lazare; pour l'entretien de cette œuvre, il donne deux parcelles de terre, l'une plantée d'oliviers, située au quartier des Gandelières, qu'il vient d'acheter dernièrement, dit-il, et l'autre sur les bords du Vidourle, près de la maison des lépreux; le surplus de leurs revenus sera distribué aux pauvres lépreux de St-Lazare. Il veut, en outre, être enseveli dans le cimetière dépendant de cette église où l'on enterre ceux de la léproserie, et, pour couvrir les frais de ses funérailles, il lègue au prieur de St-Amant cinq sols tournois qui seront pris sur les 10 livres qu'il possède, et dont le restant sera distribué le jour même de sa mort aux prêtres présents à son enterrement.

Dans la suite, lorsque la léproserie n'abritait plus que de rares malades, ses biens furent insensiblement usurpés par la communauté de Sommières, mais un chapelain de St-Lazare, vexé de cette spoliation à son préjudice, finit par intenter un procès aux consuls pour les obliger à l'abandon de ces biens et à la restitution des fruits. Un arrêt du Parlement de Toulouse vint confirmer ses prétentions le 30 juillet 1672. Le montant des restitutions dépassait six cents livres; une transaction intervint qui en arrêta la somme à ce chiffre, et constitua une pension de quinze livres au profit du chapelain.

L'historien Ménard rapporte que l'évêque Séguier, dans sa visite pastorale, en 1674, trouva la chapelle de St-Lazare en si mauvais état qu'il jugea nécessaire d'en ordonner la reconstruction, et constata que la messe du lépreux de 1320 ne se célébrait plus qu'à St-Amant. (*Hist. de Nîmes*, t. v, P. p. 5 et 6).

En 1676, donc, il ne restait plus qu'un seul lépreux vivant d'aumônes : c'était un nommé Dubois, qui portait le titre de *Majoral* et depuis longtemps sans doute, puisque, en 1632, sa présence en la maladrerie était déjà connue. La hideuse maladie ayant terminé ses ravages, un arrêt du Conseil du roy décida que la léproserie de Sommières, devenue inutile, serait attribuée à Messieurs de St-Lazare de Jérusalem et de Notre-Dame du Mont-Carmel. Mais cet ordre religieux s'éteignait lui-même peu après et fut réuni à celui de St-Michel, en 1693.

Un peu plus tard, le 13 juin 1698, un nouvel arrêt du Conseil attribue les biens de toutes les maladreries et les maladreries elles-mêmes à l'hôpital le plus prochain. Celle de Sommières, presque en ruines, fut alors démolie et ses matériaux adjugés au prix de 45 fr., le 15 avril 1699. Quant à la chapelle, hors d'usage depuis longtemps, elle fut vendue le 5 octobre 1724 pour la somme de 81 francs au sieur Mance, entrepreneur du chemin de Sommières à Boisseron, qui en employa les matériaux à la réfection de cette route.

L'arrêt du 15 mai 1675, attribuant les biens des maladreries aux chevaliers de St-Lazare, avait suscité partout de nombreuses difficultés. Ces Messieurs prétendaient que Montpezat, porte d'entrée des Cévennes (1), avait eu, comme Sommières, sa maladrerie et devait la leur remettre. Un procès s'ensuivit, qui dura 22 ans et ne trouva de solution que dans l'arrêt précité du 13 juin 1698.

A son tour, l'Hôpital de Sommières, ainsi substitué aux droits des Chevaliers de St-Lazare, éleva un moment les mêmes prétentions à l'encontre de Montpezat, mais il eut le bon esprit de ne pas les soutenir.

Les biens qui avaient dépendu de la maladrerie de Sommières comprenaient quatre terres situées au quartier de St-Laze, à la Croix des malades, aux Gandelières et au Foussat ; elles étaient affermées au profit de l'Hôpital à raison de cent deux livres, en 1714. Comme tributaires du chapitre de St-Gilles, ces biens servaient annuellement au prieur de St-Amant une censive de un quart de chapon, 2 sous 8 deniers en argent, et une émine et une quarte (environ 25 litres) d'orge. Ils furent vendus au commencement du XVIIIe siècle par le directeur de l'Hôpital de Sommières ; mais en 1737 il restait dû au prieur 21 années de censives. M. Garaud de Montfort, alors trésorier des pauvres, les acquitta d'un seul bloc envers le fermier du bénéfice de St-Amant, après accord amiable liquidé à la somme de 30 l. 7 sols.

---

(1) Montpezat, *Montis pes*, première étape romaine de Nîmes aux montagnes des Cévennes.

CHAPITRE II

ADMINISTRATION

§ 1. Recteurs. — § 2. Directeurs et Administrateurs. — § 3. Trésoriers. — § 4. Médecins et Chirurgiens; Apothicaires; Aumôniers. — § 5. Dames de Miséricorde. — § 6. Hospitalières; Hospitaliers; Régime intérieur.

Aux premiers temps de la fondation de notre maison hospitalière, et pour établir entre elle et l'asile destiné aux pèlerins et aux lépreux, qui entraient alors pour beaucoup aussi dans les préoccupations de la charité publique, une distinction bien nette, la piété envers les déshérités de la fortune avait nommé cet établissement *Hôpital des pauvres de Notre-Seigneur Jésus-Christ de la ville de Sommières;* puis, quand la confrérie de St-Jacques eut disparu, l'on abrégea en disant simplement *Hôpital des pauvres, Hôpital-pauvre, Hôpital-Dieu* et enfin *Hôpital* tout court. La maison des lépreux resta, jusqu'au dernier moment de son existence, la *Maladrerie* ou *Hôpital St-Laze.*

Les documents authentiques les plus anciens de nos archives nous représentent l'Hôpital des pauvres déjà doté, dès les premières années du XIII⁰ siècle, d'une organisation remarquablement complète, doué d'une active vitalité, muni, comme on dit de nos jours, de la personnalité civile : il avait à sa tête directeur et conseillers recevant, vendant, achetant des biens immeubles au nom de l'Hôpital.

§ 1ᵉʳ. Recteurs. — L'administrateur principal, celui à qui incombaient de plus près la direction, les menus détails de la vie, comme les grands actes de la maison, a porté dans le temps des qualifications diverses :

Recteur ou *Gouverneur*, dès le principe, quelquefois *Procureur* et *Précepteur;* plus tard, *Directeur, Syndic, Trésorier, Administrateur.* L'élection du recteur avait lieu par acte solennel émané des Consuls.

Cette organisation remonterait aux derniers Carolingiens, qui avaient confié au clergé le soin de l'administration hospitalière. Cependant nos archives ne témoignent pas d'une constante fidélité à cette très ancienne règle puisque nous relevons, de 1207 à 1427, plus de laïques que de prêtres dans la nomenclature des recteurs.

Quoiqu'il en soit, il est bien connu que l'administration cléricale ne porta pas les fruits qu'on était en droit d'en attendre; les usurpations criantes du clergé aux dépens des pauvres finirent à la longue par nécessiter une réforme radicale de cette administration.

C'est d'abord le concile de Vienne, en 1311, qui déclare les ecclésiastiques désormais exclus de l'administration des hôpitaux et la confie à des laïques ; c'est, deux cents ans plus tard, le concile de Trente qui maintient contre les religieux les dispositions du concile de Vienne. Faut-il rappeler ici l'ordonnance de 1548 où François Ier, soutenu par le concile de Trente, accuse formellement les administrateurs des hôpitaux « de s'efforcer journellement à vouloir appliquer à eux » ou leurs serviteurs le revenu des dits hôpitaux et en » faire leur patrimoine. » Henri II, comme son père, se voit contraint de reprendre les ordonnances des conciles, restées à peu près lettre-morte, et déclarer de plus fort que les administrateurs des hôpitaux ne seront ni ecclésiastiques, ni nobles, ni officiers, mais des marchands et autres simples bourgeois. Charles IX enfin, en ce qui concerne plus spécialement l'Hôpital de Sommières, ordonne, en ses lettres patentes du 1er août 1571, que les sept ou huit chapellenies usurpées en cette ville par des ecclésiastiques devront à l'avenir servir leurs rentes à l'Hôpital, et nous verrons les efforts de tous les administrateurs qui se succédèrent de 1571 à la Révolution, rester vains et se briser contre l'obstination du clergé.

A partir de 1345, tous les administrateurs, à une ou deux exceptions près, avaient été choisis parmi les laïques, mais Louis XIV, en sa vieillesse, dominé par le clergé, lui rendit toutes ses prérogatives : l'édit de 1693 et la déclaration royale du 12 décembre 1698 réorganisant l'administration hospitalière y rétablirent l'élément ecclésiastique : « Il y aura, dit le roi, art. I, en un cha-
» cun hôpital un bureau ordinaire de direction composé
» du premier officier de la justice du lieu ou du
» seigneur, du maire (1), de l'un des échevins, consuls,
» ou autres ayant pareille fonction, et du curé, et s'il
» y a plusieurs paroisses dans le lieu, les curés y entre-
» ront chacun pendant une année, et tour à tour à
» commencer par le plus ancien ; » tous les trois ans, le bureau doit être renouvelé et les comptes du trésorier vérifiés.

Cette dernière prescription datait d'ailleurs de 1612.

Enfin, la célèbre ordonnance d'août 1749, contre les biens de main-morte, vint régler définitivement la forme des acquisitions immobilières au profit des hôpitaux, et la composition des bureaux d'administration. Elle donnait aux élus de l'ordonnance de 1698 le nom de *directeurs nés* et complétait leur assemblée par des *directeurs à élire* au nombre de douze, plus un direc-

---

(1) Pour subvenir aux prodigalités royales, un édit d'août 1692 avait établi des charges vénales et des *Maires perpétuels* dans les principales villes du royaume et dans toutes celles du Languedoc. La dignité de Maire était vendue au plus offrant ; ses fonctions duraient autant que lui ; elles le dispensaient de garde, de taille, logement de gens de guerre, etc... Le premier maire de Sommières fut M. de Villevieille qui paya ce poste 8000 fr. Bien qu'héréditaire cette charge pouvait être revendue, c'est ce que fit M. de Villevieille au bout d'un an environ.

teur pour signer les mandats, un trésorier-syndic et un secrétaire, tous également soumis à l'élection et au renouvellement triennal. Mais à Sommières, le bureau souvent partagé entre le désir de conserver ses anciens administrateurs et le besoin d'obéir à la loi, ne la prenait pas toujours à la lettre et ne se décidait à de nouvelles élections qu'à la suite des vides devenus trop nombreux dans ses rangs.

La question de présidence, bien que réglée par la même ordonnance de 1698, n'avait pas toujours été respectée ; mais le 18 janvier 1770, elle reçut une confirmation nouvelle ; la Grand-Chambre du Parlement de Toulouse arrêta que, dans le bureau des pauvres, le juge doit présider, le procureur du roi placé après lui, les consuls après le procureur du roi, et le curé après les consuls. Cet arrêt, conforme à la loi, avait été rendu à la requête des administrateurs de l'hôpital de Sommières contre un curé, M. de Bap, qui, par surprise et sans appeler les parties intéressées, s'était fait adjuger par la Cour la présidence des assemblées et ne la voulait point céder. Nous retrouverons ce curé à l'humeur batailleuse dans un autre procès qu'il suscita à l'hôpital à propos de *l'hospitalier*.

Nomenclature des *RECTEURS qui dirigèrent l'hôpital de Sommières de 1207 à 1600*

Il nous a paru bon d'extraire de nos vieilles archives les noms de tous les Recteurs que nous y avons rencontrés ; ceux des Consuls qui leur succédèrent à la suite des réformes apportées dans l'administration hospitalière par les conciles ou les ordonnances royales, sont la plupart consignés dans l'histoire. *De la Ville de Sommières*, par E. Boisson.

Le premier nom en date apparaît dans une reconnaissance féodale de 1207, qui est un des plus anciens de nos parchemins échappé aux ravages du temps ou à la négligence des hommes. Cet acte le nomme DE St-Clément et le qualifie de recteur ou précepteur (*rector sive præceptor*), de même que le suivant, Clément Pons qu'on peut lire sur deux pièces datées l'une de 1249, l'autre de 1254.

En 1255, 1258, et 1264, Clément Ranc portait aussi ce double titre.

Le nom de Pierre de St-Clément semble appartenir à un descendant du premier en date : il figure sur sept de nos reconnaissances féodales allant de 1270 à 1273.

Une lacune existe dans nos archives entre cette dernière date et l'année 1281 où nous rencontrons un nom difficile à lire : Pierre de Mata, de Mate ou de Matis (peut-être de Matei), et que nous retrouvons plusieurs fois jusques en 1290.

Jacques Imbert, prêtre et gouverneur de l'Hôpital, ainsi désigné, fournit une très longue carrière, Je rencontre son nom de 1297 à 1333, c'est-à-dire durant 37 années consécutives, sur trente parchemins portant reconnaissances, ventes, échanges, etc..., où il est qualifié quelquefois aussi de Prieur de Sommières et *Censeur de la maison de l'Hôpital*.

Pons Rousset, prêtre, lui succède de 1334 à 1339.

Pourtant, nous voyons dans un acte reçu Nicolas Baille, notaire, que le 6ᵉ jour du mois de janvier 1336, « Bernard de Ramus et autres conseillers de la Maison » de ville et de l'Université de Sommières, ont élu, » faict, créé et député le sieur Pons Domergue, prêtre, » pour être recteur, gouverneur et administrateur de » la maison hospitalière de la dite ville et de tous » les biens, droits, rentes et censives d'icelle. » Sans doute le ministère de Pons Rousset, prédécesseur de Pons Domergue, avait été scindé en deux périodes.

En 1345 vient Jacqués de Cannes;

En 1351, Pierre Aucard:

En 1364, c'est Guiraud Matuey (Mathieu) de Montpezat qui est qualifié de précepteur;

En 1372, Jean Coste porte le même titre;

En 1376, Jean Dyonisius (Denis), clerc, recteur de l'Hôpital, le dirige jusques en avril 1419, c'est-à-dire durant 43 ans.

En 1423, deux actes, une vente et un bail à emphytéose, sont passés par les consuls de la ville Bernard Sardini, Paulet Borgade et Durand Monteils, comme représentants de l'Hôpital, sans préoccupation du recteur.

De 1427 à 1437, c'est Jean Rey qui exerce cette charge, et meurt en 1438, ainsi, que nous l'apprend une reconnaissance faite aux consuls en faveur de l'Hôpital où figure le nom de Marguerite, qualifiée d'honnête femme et de veuve de Jean Rey, autrefois recteur.

Guillaume Aguet ou Agnel lui succéda.

En 1444, s'il y a un recteur, il n'est pas nommé dans une reconnaissance où l'on voit encore les consuls traiter au nom de l'Hôpital, et parmi eux Baudile Pons que nous reverrons un peu plus tard.

Deux actes, l'un de 1450 avec Armand Roux, de Villevieille, l'autre de 1459 avec Guilhaume Lauzerius (Lauizier), nous prouvent que la fonction de recteur n'a pas toujours vaqué; mais dans l'intervalle un autre acte de 1453 n'est signé que par les consuls.

Un gros rouleau de parchemin contenant vingt-huit reconnaissances à nouvel achat nous donne, pour l'année 1457, le nom de Baudile Pons; celui d'Anthoine Lauzerius pour 1458; pour 1461, celui de Jean Robin, et pour l'année 1466, celui de Jacques Maurelet, que nous retrouvons sur plusieurs actes allant de 1467 à 1470, écrit tantôt Maurellet, tantôt Morelet, mais le plus souvent Maurelet, toujours suivi du titre de recteur.

Jean Salles, prêtre, figure comme recteur sur deux actes de 1481 et de 1483;

Puis viennent les noms de..... de St-Clément, sur un bail en emphytéose de 1485, et de Vincent Salles sur deux parchemins de 1487 et de 1489;

En 1490, celui de Guilhaume Guisse ou Guy;

En 1496, Jacques de Brueys;

De 1498 à 1502, Antoine Cordurier, brassier, (cultivateur, journalier) exerce le rectorat.

Mais à partir de cette époque, la fonction de recteur semble diminuer de son ancienne importance, car après ce brassier, dès 1506, les consuls figurent presque toujours seuls dans les transactions; ils ont parfois un recteur qui signe avec eux: tel Barthélemy de St-Jean, qui porte ce titre jusques en 1508; en 1515, c'est Jean Rotondus (Jean Rond); en 1535, les consuls ont au dessous d'eux Antoine Durand, marchand, qui est recteur pendant dix années consécutives de 1549 à 1559.

Un acte de 1553 qualifie de recteurs les premier et second consuls, Jean Bérard et Antoine Portal; en 1578, c'est le quatrième consul, Pierre Monteils qui parait seul.

Jean Amal, Jean Reilhes, Pierre Rolland et Jean Castanet, « premier, second, tiers et quart consuls » reçoivent, en 1580, les reconnaissances et signent tous les actes concernant l'hôpital; l'année suivante, Pierre Espinel est dit receveur; en 1585, Antoine Crouzet a repris le titre de recteur.

« Le 26 décembre 1592, ont été élus par les sieurs
» consuls pour tenir le bureau des pauvres de l'Hôpital
» avec Messieurs les consuls recteurs et directeurs des
» biens des pauvres, sieurs Gérôme Lauriol; Jean

» Trémollet, advocat des pauvres ; Jacques Vidal ; Jean
» Deydreis, greffier. »

Dès ce moment la qualification de recteur devient
très rare : elle n'est attribuée qu'une seule fois durant
tout le XVIIe siècle, en 1603, à PIERRE THOMAS ; le dernier
qui porta le titre de recteur fut un prêtre du nom de
Savagner, en 1716.

Visiteurs et Procureurs

Mais à côté du recteur, qui tenait ses pouvoirs de
l'autorité consulaire pour un temps plus ou moins
prolongé, figuraient deux autres administrateurs de
moindre importance, nommés le 2 novembre de chaque
année par le *Conseil politique* de la ville, immédiatement après l'élection des consuls ; ils portaient le titre
de *Visiteurs de l'Hôpital* et faisaient partie de la série
des *Officiers de police* nommés en grand nombre au
même moment : c'étaient les visiteurs des draps ; visiteurs des gros fruits ; visiteurs des poids et mesures ;
visiteurs du pain mal apresté et non de poids ; visiteurs
de chair et poisson ; visiteurs des censives ; des mu-
railles ; des chemins ; des pavés ; des futailles ; des
vignes mal accoustrées ; des cuirs mal aprestés. Les
Dames de Miséricorde, sous le nom de *Visiteuses de
l'Hôpital*, au nombre aussi de deux, puis plus tard de
quatre, étaient nommées en même temps que les
visiteurs, pour s'occuper des aumônes à distribuer en
ville, et prendre soin du linge et du mobilier de l'Hôpital. Tous ces *Officiers de police,* comme on les nommait
alors, étaient renouvelables chaque année. L'introduction de la Réforme à Sommières fit disparaître
seulement ceux des visiteurs préposés aux bassins des
églises et des chapelles ; peu d'années après, le titre de
Visiteurs de l'Hôpital, fut transformé en celui de *Procureurs des pauvres* et prit le 1er rang sur toute la série
des officiers de police.

Voici les noms des Visiteurs de l'Hôpital, Procureurs des Pauvres qu'il nous a été donné de recueillir :

1555 Jean....... et Alexandre Vigne.

1556 Armand.... et Claude Alquais (Aleais).

1558 Claude Alquais et Aymé Nogarède.

1559 Guilhaume Fourmental et Alexandre Vigne.

1560 Maurice Auriol et Simon Johan.

1561 Pierre Reboul et Claude Alquier.

1562 Jean Paulet et Antoine Olmier.

1563 Mathelin Baldic et Claude Aleays.

1564 Jean....... et Amalric Guilhaumet.

1565 Guilhaume Fourmental et G. Nogarède.

1566 Claude Aleais et.......

1567 Guilhaume Nogarède et Sallin.

1568 Claude Aleais et Pierre Plantier.

1569 ......, et Antoine Mathieu.

(Cinq années manquent aux archives de la Mairie).

1574 Gibert de Fontbis et Anthoine Mathieu.

(Autre lacune) — le titre de *Procureurs des Pauvres* remplace celui de *Visiteurs*.

1580 Jean Mourgue et Geoffre Blanc.

1581 Anthoine Grasset et Barthélémy Florin.

1582 Amalric Guilhaumet et Pierre Nogarède.

1583 Jean Reilhe et Jean Berchambet.

1584 Guilhaume Astier et Anthoine Ponge.

1585 Pierre Marc, boulanger, et Claude Benezech, maréchal.

1586 Simon Jean et Charles Benezech.

1587 Auzias Ribes et Antoine Marchand, chaudronnier.

1588 Marcelin Girard et Claude Roubiol.

1589 Jean Delon et Antoine Marchand.

1590 Michel Decaissade et Antoine Marchand.

1591 Antoine Brueys et Claude Benezech.

1592 Auzias Ribes et Antoine Mouton.

1593 Simon Franc et Pierre Constant.

1594 Mathelin Tourret et Pierre Salin.

1595 Antoine Marchand et Claude Benezet.

1596 .... Lauriol et Claude Grenon.

1597 Mathelin Tourret et Pierre Salhens.

1598 Guilhaume Allègre et Jean Reilhe, dit Moule.

1599 Auzias Ribes et Claude Benezet.

1600 Pierre Cordesse et Pierre Constant.

1601 Pierre Thomas et Claude Grenon.

1602 Antoine Marchand et Jacques Benezet.

1603 Jean Portalis et Pierre Salhens.

1604 Pierre Grimollet, cordonnier, et Pierre Semilly, boulanger.

1605 Claude Benezet et Mathelin Tourret.

1608 Ozias Ribes et Pierre Sallien.

1609 Jean Gilly, *dit capitaine Blanchard*, et Isaac Sabatier.

1610 Jacques Moulinier, maréchal et Pierre Grimoulet, cordonnier.

1611 Fabre et Pierre Tourret.

1612 Isaac Sabatier et Jean Benezet.

1613 Jean Marc, boulanger, et Pierre Bouzanquet.

1614 Pierre Touret et Jean Bernard.

1615 Pierre Grimoulet et Jean Sallien.

1616 Simon Grimoulet et Jacques Benezet.

1617 Isaac Sabatier et Gabriel Gourdon.

1618 Jacques Benezet et Pierre Touret.

1619 Jean Marc et Gabriel Gourdon.

1620 Antoine Virens et Pierre Pouget.

1621 Jacques Benezet et Isaac Sabatier.

1622 Jacques Benezet et Jean Virens.

1623 Pierre Guillot et Gabriel Gourdon.

1626 L. Montal, marchand, et Pierre Charles.

1628 Jean Marc et Gabriel Gourdon.

1629 Pierre Charles et Pierre Pouget.

1631 Jean Guiraud et Jean Marc.

1632 Pierre Pouget et Raymond Fournier.

1633 Pierre Persin et Jean Vidil.

1634 Jean Viel et Etienne Polge.

1635 Cabane et Jean Savagnier.

1644 Pierre Guilhon et Jean Marc, boulanger.

1645 Jean Vène, contrôleur au grenier à sel, et Pierre Guillon.

1660 Pierre Lunes, procureur du roi, et Jean Vène.

1661 Pierre Perrier et Pierre Guillot.

1662 Jean Philip et Guillaume Terrien.

1670 Vitalis, greffier consulaire et notaire, et Espinel.

1671 Pierre Gautier et Vitalis.

1673-75 Mr de Malbois, prêtre, et Mr de Mongramier.

1676 Mr de Malbois, prêtre, et Pierre Terrien, chirurgien.

1678 L'abbé de Villevieille et Jacques Granon.

1679 Pierre Gautier et Jacques Granon.

1680 à 1684 Bérard père et Jacques Granon.

1685 à 1689 Gautier et Terrien.

1690 Bérault et Persin.

1708 Terrien aîné et Pierre Espinel.

1709 à 1710 les mêmes.

Enfin de 1711 à 1714, Darroussin fut le dernier et unique *Visiteur* ou *Procureur* nommé aux élections du Conseil politique. Seules, les Dames de Miséricorde, depuis fort longtemps au nombre de quatre, continuèrent à recevoir des suffrages de ce Conseil, et, jusqu'à la Révolution française, leur titre de *Visiteuses de l'Hôpital*.

A partir de 1710, le Conseil ne nomme plus aucun *Officier de police* pour la surveillance de l'Hôpital.

§ 2. DIRECTEURS ET ADMINISTRATEURS. — Les Consuls, quand ils remplissaient le rôle des anciens Recteurs, étaient assistés d'un certain nombre d'Administrateurs, mais ce nombre ne fut jamais bien défini que par la déclaration royale du 12 décembre 1698.

On mit un certain temps à Sommières pour se conformer aux prescriptions nouvelles. Une des premières délibérations prises à la suite, le fut en 1710 seulement, sous la présidence du marquis de Montpezat, seigneur, capitaine, viguier et gouverneur de la ville, assisté de noble Jean-Joseph d'Albenas, conseiller du roi, maire; des second, troisième et quatrième consuls : du curé de la paroisse, Raymond Fine, et de plusieurs membres du Conseil. Alors furent élus comme Administrateurs de l'Hôpital, Pons Guillot, ancien prieur de Boisseron : LE CHEVALIER DE BOZANQUET ; M^r DE SAINT-AMANT DE MOISSAC ; GOURDON ; TERRIEX, vicaire général du diocèze de Nîmes, avec REY, comme secrétaire.

Les élections devaient avoir lieu tous les ans et le premier jour de chaque année ; mais le plus souvent on négligea cette prescription. Le 8 décembre 1714, les élus de 1710 furent maintenus, mais leur nombre fut doublé par l'adjonction de RÉBUFFAT JEUNE ; TOUZELLIER ; DUMAS, de la Grand'Rue ; BACQUIER AÎNÉ ; BARMET ; GILLY. Vinrent plus tard MM. OUPXET, OLLIER, GARIMOND. La Justice était représentée dans les réunions par M. de Clary, juge.

De 1721 à 1730, ces premiers noms ont tous disparu. Le bureau est alors composé de MM. DE NOGARÈDE ; LE BLANC ; DE LIMERY ; MALMAZET ; SABATIER DE PÉTRAS ; BROUTET AÎNÉ ; AUBANEL ; BRESSON ; l'apothicaire JOYEUSE ; MAROT ; D'ALBERON.

Une élection régulière eut lieu en 1730 ; les administrateurs de droit étaient alors MM. DE VILLEVIEILLE, commandant de Sommières ; RAYMOND FINE, curé ; de Saint-Amant de Moissac, maire ; le juge ; le procureur du roi ; les consuls. Les membres élus furent : le prieur Guillot ; de Bozanquet ; de Nogarède ; d'Auberon ou d'Alberon ; Le Blanc ; DE VIEILLEVIGNE ; JEAN GAUTIER, marchand ;

Marot ; Sabatier, bourgeois ; Jean Cabane ; Dumas, de la Grand'Rue ; Sabatier de Pétras.

Pas de nouvelles élections générales en 1735, mais quelques remplacements : les noms anciens sont ceux de MM. de Vieillevigne ; Le Blanc ; Jean Gautier ; Bresson ; Dumas ; Sabatier ; de Nogarède ; les nouveaux directeurs sont l'abbé de Massillan ; de Garaud de Montfort ; Nazon ; Persin ; Sabatier, tanneur ; Chrestien.

Le renouvellement qui suivit, en 1741 seulement, nous conserve les noms de : Persin ; Gautier ; Bresson aîné ; Sabatier ; et en amène plusieurs nouveaux : Daraussin aîné ; Laroque de Montels fils ; Garonne ; Vessière ; — Quatre ans après (1747), Collet, pharmacien ; Puech, notaire : d'Albenas. (Les chevaliers d'Albenas se succèderont de père en fils jusques en 1793), Fermaud et Franc aîné.

De 1747 à 1766, l'administration reste à peu près exactement la même : M. Aubanel, élu vers 1748 et mort depuis, est remplacé par son fils aîné ; M. de Beaucourt prend la place de M. Le Blanc et disparaît lui-même trois ans après. On lui donne pour successeur le major Prades, chevalier de St-Louis.

Le 30 septembre 1770, on ajoute au nombre règlementaire des administrateurs les sieurs Prades, ancien prieur de Cannes, et Fine, ancien prieur de Vacquières.

Un remaniement partiel s'opère aux élections du 17 juin 1771 : les deux anciens prieurs, Prades et Fine sont maintenus ainsi que le major Prades ; Pons Chrestien ; Puech ; Franc aîné ; Aubanel aîné ; Collet ; Fermaud ; Jacques Darroussin ; Joyeuse père et Mouraves, qui avait été nommé l'année précédente ; MM. de Maucler, ancien lieutenant-colonel ; de l'Estrade, ancien lieutenant-colonel aussi ; de Lamonie, capitaine de cavalerie, et d'Albenas, seigneur de Loupian, prennent place,

En 1773, viennent MM. de Clary, chevalier de St-

Louis, et Marcou, négociant; Poujol, notaire, succède comme secrétaire à Joyeuse.

Aux élections de 1782 sont maintenus : MM. de Clary; Chrestien, avocat; Fine, prieur; Daraussin et Mourgues; et sont appelés : MM. le docteur Chrestien ; de St-Aulas; Joseph Albaret; Puech fils; Massip, médecin; Nicol. et Franc neveu. Ce dernier, au bout de quatre ans se retire; M. Puech, avocat, le remplace, et avec lui viennent Dumas, de la Grand'Rue ; Jean Bresson ; Germain, apothicaire : Duchol ; François Causse père ; de Roux ; de Gérard ; Barthélemy Griolet, père.

Le notaire Poujol, qui avait rempli le rôle de secrétaire depuis 1773, se retire en 1788 pour cause d'infirmités, et M. Landreau lui succède,

Enfin, en mai 1789 Jean Bruneton, négociant, est nommé Trésorier après la retraite de Jean Bresson.

Au paragraphe suivant, nous donnerons quelques détails sur chacun des Trésoriers de l'Hôpital.

§ 3. Trésoriers. — L'édit de 1695, complété par la déclaration royale du 12 décembre 1698, réglant la composition du bureau d'administration, instituait un *Trésorier* qui remplaçait en quelque sorte le recteur du moyen-âge, dans ses attributions multiples. C'est lui en effet qui recouvrait tous les genres de revenus de l'Hôpital, recevait les reconnaissances féodales, recueillait les legs, les donations, passait les contrats devant notaire, poursuivait les affaires contentieuses, payait toutes les dépenses et recherchait des placements avantageux pour ses excédents de caisse.

Un tel rôle n'était point une sinécure. Il comportait de la part du titulaire une grande probité, certaines connaissances spéciales, une assiduité constante.

Si, parmi le personnel des nombreux administrateurs institués par la nouvelle organisation, on trouvait sans peine l'intelligence et l'honnêteté nécessaires à l'emploi de trésorier, il n'était pas toujours facile d'y rencontrer un homme disposant d'assez de loisirs pour se dévouer constamment à cette œuvre.

Aussi, quand l'ordonnance de 1749 vint plus tard amoindrir les attributions du Trésorier et borner son rôle au simple encaissement des recettes comme au paiement des dépenses, sous le contrôle de deux Administrateurs chargés de signer les mandats, le bureau de Sommières eut grand tort de ne pas tenir assez compte de cette prudente restriction. Chacun prit volontiers le titre que lui assignait la loi nouvelle, mais le Trésorier resta, comme devant, seul à la tête des principales affaires. Néanmoins, et afin d'accommoder les prescriptions royales à ses vieilles habitudes, le bureau donnait assez régulièrement à son Trésorier les pouvoirs nécessaires à certains règlements et nommait, à peu près tous les ans, deux des siens pour vérifier les comptes,

La plupart des Trésoriers qui se sont succédé dans la suite des temps se distinguèrent par l'excellence et la fidélité de leur gestion. Je dirai les rares défaillances de quelques-uns, car avec un pareil système d'organisation, les erreurs, en effet, les abus même devenaient inévitables. Nous verrons au chapitre « *Ressources de l'Hôpital* » plusieurs Recteurs négliger pendant de longues années le recouvrement des petites censives, et même trop souvent leur laisser atteindre la prescription trentenaire.

Le chapitre *Placement de fonds* était éminemment délicat : malgré les soins que prenaient les administrateurs, d'ailleurs toujours consultés au préalable pour le choix de débiteurs solvables, il arrivait bien des catastrophes aux placements sur particuliers. On avait alors moins qu'aujourd'hui la facilité de confier à l'État les économies ou les excédents de recette, mais, autant que possible, on prêtait aux Communes. Les rentes que l'Hôpital hérita plusieurs fois sur la Province de Languedoc n'offraient guère plus de garantie que celles sur particuliers, puisque nous les verrons presque toutes sombrer au moment où éclata la Révolution française. L'Assemblée Nationale, pleine de sollicitude pour le patrimoine des pauvres, avait bien, le 18 août 1790, décrété la Nation responsable de la dette des Provinces, mais que de difficultés alors pour arriver à établir l'authenticité de la créance, la faire reconnaître avec certitude et admettre sans conteste ! — La plupart de celles que possédait notre Hôpital restèrent ignorées du Gouvernement, faute de titres suffisamment valables à l'appui.

———————

Nous avons arrêté la nomenclature des Recteurs au moment où les Consuls leur sont substitués dans la Direction générale de l'Hôpital. Ceux-ci, débordés par leurs attributions municipales, ne pouvaient prêter qu'une insuffisante attention aux nombreux détails de l'administration hospitalière ; aussi s'en remettaient-ils le plus souvent aux soins d'un procureur-fondé, qui prenait alors le titre de *Procureur des Consuls Recteurs des pauvres*.

C'étaient en 1603, PIERRE THOMAS, notaire ; en 1669, BERNARD ESPISEL ; en 1673, FRANÇOIS DE MALBOIS, prêtre ; en 1686, TERMIEN, ancien prieur de Montpezat, qui légua tous ses biens au clergé de Nîmes, à charge de payer à l'Hôpital de Sommières une rente de cent livres ; en 1704, M. GAUTIER. Un de ses successeurs, M. DE SAINT-AMANT DE MOISSAC, prit enfin le titre de *Trésorier-Syndic* qui, jusqu'à la Révolution, resta définitivement attaché à cette charge.

L'administration de M. de Saint-Amant se distingue par de nombreuses œuvres de charité : dès son entrée en fonctions (1717), ce gentilhomme complète de ses propres deniers le montant du prix des réparations en cours aux bâtiments du nouvel Hôpital (1); réparations urgentes et qu'une collecte insuffisamment productive menaçait de laisser en suspens. M. de Saint-Amant de Moissac mourut en 1727, laissant aux pauvres une créance de deux mille livres que lui devait la commune de Sommières. Sa gestion avait duré dix ans.

M. DANIEL DE NOGARÈDE, capitaine-major de cavalerie, chevalier de l'ordre militaire de Saint-Louis, est nommé Trésorier le 24 août 1727, et se retire pour cause d'infirmités en décembre 1736.

M. DE GARAUD lui succède, mais pour peu de temps : il quitte Sommières l'année suivante pour aller se fixer à Montpellier.

Alors apparaît LOUIS-MARTIAL PERSIN, ancien receveur des tailles à Viviers, en retraite à Sommières; on le nomme Trésorier pour un an seulement. Mais la science de cet ancien comptable est vite et hautement appréciée des Membres du Bureau qui, l'année expirée, prorogent indéfiniment ses pouvoirs.

La gestion de M. Persin fut aussi longue que prospère pour les finances des pauvres. Ce précieux Trésorier-Syndic resta vingt-six années consécutives à la tête de la Maison, sauf pendant une courte période de congé où PONS AIMÉ CHRESTIEN, avocat en Parlement, le suppléa durant l'année 1750. Le 10 janvier 1764, M. Persin invoquant son grand âge et « la difficulté qu'il éprouve à tenir la plume », demande enfin un successeur, qu'on lui accorde à regret. Il mourut peu après, léguant à l'Hôpital la somme de 4,000 livres que Louis-Martial Roux, son neveu, fut chargé d'acquitter (1737-1764).

M. AUGUSTIN LE BLANC, seigneur de St-Clément, ancien lieutenant du Roy à Mahon, lui succéda et mourut en fonctions six ans après (1764-1770).

____

(1) Voir au ch. IV : *Divers emplacements de l'Hôpital.*

Le 10 janvier 1770, le bureau fait choix de M. Jacques Daraussin, contrôleur pour le Roy au grenier à sel de Sommières, qui dirigea pendant huit ans les affaires de l'Hôpital. Ce fut sous son administration et grâce à son zèle, que put être acquis, ainsi que nous le verrons plus loin, l'ancien couvent des Récollets, où les pauvres devaient trouver un emplacement plus vaste, plus sain, plus confortable que cette humide et basse maison de la rue du faubourg du Bourguet. — M. Daraussin se démit pour raison de santé, le 6 avril 1773, donnant aux pauvres une rente de 194 l. 1 s. 3 d. sur la province de Languedoc.

M. Mourgues, né à Sommières en 1710, était un ancien négociant de Lyon qui revenait au pays natal prendre sa retraite. Il y fut, dès son arrivée, admis au nombre des administrateurs de l'Hôpital, et témoigna toujours beaucoup de zèle pour les intérêts de cette maison : le 20 octobre 1768, il consacrait un capital de 6,000 l. au service d'une pension viagère à deux de ses vieux parents de Vauvert, avec retour, après leur décès, aux pauvres de Sommières. M. Mourgues remplaça M. Daraussin comme trésorier le 4 octobre 1773. Vers la fin de sa gestion, aux affaires ordinaires vint, en 1783, s'ajouter la comptabilité d'une Manufacture de molletons que M. de Joubert, dans un but philanthropique, avait cru bon d'installer pour le compte de l'Hôpital dans les vastes locaux de la place du Bourguet (1). C'était une énorme complication. M. Mourgues s'en tira avec honneur.

Cependant, après sa mort, le 4 juin 1786, et au cours de la vérification de ses comptes, surgit tout à coup une grosse affaire qui ne manqua pas de causer bien des ennuis à son successeur. On rencontra sur les Livres

---

(1) Voir au ch. III, *Ressources de l'Hôpital*, l'histoire de cette Manufacture.

du Trésorier trois articles de recette libellés tous les trois de cette même façon énigmatique : « *Reçu d'une* » *honnête personne*..... » Le premier des versements ainsi formulés consistait en une somme de 12,000 livres ; le second de 15,000 ; le troisième enfin de 6,000; au total 33,000 livres.

D'où, de qui pouvait bien provenir un tel capital?

Les Administrateurs, sachant leur Trésorier homme aussi généreux que modeste, s'imaginèrent volontiers que c'étaient là, de sa part, dons volontaires et pour lesquels il avait désiré garder l'anonyme. On va voir combien passagère fut leur illusion.

Le dernier de ces trois versements comportait, avons-nous dit, une somme de 6,000 livres. M. Mourgues l'ayant immédiatement appliquée aux besoins, devenus très pressants à cette heure, de la Manufacture de molletons créée par M. de Joubert dans les locaux de l'Hôpital, cette circonstance donnait quelque vraisemblance à sa généreuse et providentielle intervention. Or, on apprit bientôt que cette somme provenait d'un dépôt de 6,000 livres en vieux louis d'or qu'une demoiselle de Limery avait confiés à M. Mourgues, tout simplement pour les lui échanger contre espèces nouvelles, mais que, peu après, la déposante, mise au courant de la détresse de la manufacture, s'était décidée à laisser entre les mains du Trésorier des pauvres à titre de prêt.

Tel fut du moins le récit de Mlle de Limery lorsque, quelque temps après la mort de M. Mourgues, elle se décida à se faire connaître pour l'*honnête personne* au mystérieux dépôt, et à réclamer la restitution de ses 6,000 francs en louis d'or neufs.

Une telle révélation surprit autant que le procédé. Certes, Mlle de Limery était bien connue à Sommières comme *honnête personne*, mais, à l'appui de sa revendication, elle n'apportait pas le moindre reçu du

Trésorier. Les Administrateurs pensèrent donc qu'il était de leur devoir d'opposer quelque résistance à pareille réclamation.

Cependant, après enquête, l'affirmation de Mlle de Limery et la vérité sur son intention d'échanger les louis d'or vieux en pièces neuves, restèrent chose acquise. Le Bureau dut se mettre dès lors en mesure de restituer. Mais à peine avait-il versé un premier à-compte de 2,000 livres à Mlle de Limery, que les deux neveux de cette vieille dame, M. de Lamonie, lieutenant des maréchaux de France, et le comte de Cadole, de Montpellier, vinrent, par opposition à paiement, exiger pour eux seuls la *somme de 6,000 francs toute entière,* attendu, disaient-ils, que leur tante avait disposé de tous ses biens présents et à venir en leur faveur.

Fallait-il lutter contre si forte partie, en appeler aux tribunaux, ou payer deux fois l'à-compte déjà versé ? Après une longue année d'allées et de venues, de discussions de toute sorte, une transaction paraissait sur le point d'aboutir et le Bureau se flattait d'en terminer enfin avec cette fâcheuse affaire, quand tout à coup il en surgit une autre de même nature et bien plus sérieuse cette fois.

Grande en effet fut la surprise des Administrateurs quand, un beau jour, ils se virent assignés en justice devant le sénéchal de Montpellier par Mlle de Limery elle-même, pour s'entendre condamner à lui payer avec intérêts le montant d'autres 15,000 livres qu'elle avait également, disait-elle, déposées entre les mains du Trésorier de l'Hôpital.

Pris au dépourvu, incapable en l'état de ses finances d'acquitter si forte dette, à demi convaincu d'ailleurs que l'*honnête personne* des livres de M. Mourgues était bien Mlle de Limery, mais à peu près persuadé aussi que cette *honnête personne* profitait des circonstances, non pas pour réclamer un prétendu dépôt, mais bien pour revenir sur une donation qu'elle aurait eu primitivement l'intention de faire en faveur des pauvres, le Bureau nia, protesta, implora Mlle de Limery, fit appel à la loyauté de ses neveux, à l'intervention de l'Évêque, aux lumières de nombreux avocats consultés à Toulouse et à Montpellier, ce fut en vain. Il fallut plaider.

La justice ne se montra pas favorable aux prétentions des Administrateurs : l'Hôpital se vit condamné à la restitution envers la demanderesse des quinze mille francs constituant le second dépôt par elle fait entre les mains du Trésorier des pauvres, ainsi que des intérêts depuis la date de son inscription sur les livres de M. Mourgues.

Enhardie par ce premier succès devant les tribunaux, Mlle de Limery se disposait à pousser jusques au bout ses revendications en réclamant des Administrateurs consternés, la restitution du troisième dépôt de *l'honnête personne*, c'est-à-dire des douze mille livres qui le constituaient, quand ces Messieurs se décidèrent à subir la transaction que chacun leur conseillait : Mlle de Limery se contenterait d'une somme totale de seize mille livres que l'Hôpital lui paierait par à-comptes successifs, avec intérêts jusqu'à parfait paiement, et donnerait quittance finale de ses trois dépôts. Elle accepta. — Le règlement traîna plusieurs années : en 1797 (an VI), il était encore dû 1,858 fr. 50 aux héritiers de Mlle de Limery, morte depuis un an.

Comme on le voit, la gestion de M. Mourgues, bien que très fidèle, fut laborieuse pour ses liquidateurs.

Celle de son successeur ne laissa pas d'être également quelque peu confuse.

La double conduite des affaires de l'Hôpital et de sa Manufacture embourbée exigeant une action rapide, le jour même de la mort de M. Mourgues, le Bureau nommait pour liquider sa gestion MM. Puech fils, avocat, et JEAN BRESSON, ce dernier restant plus spécialement attaché aux fonctions de Trésorier (4 juin 1780).

Il les remplit trois ans à peine : le 17 mai 1789 M. Bresson demandait à se démettre et, séance tenante encore cette fois, le Bureau choisissait M. JEAN BRUNERON, négociant, pour lui succéder et éplucher ses comptes.

Dès la première vérification, M. Bresson fut trouvé créancier de l'Hôpital pour 4,971 l. 3 d., tandis que le Trésorier était lui-même reconnu débiteur envers la Manufacture d'une somme 11,108 l. 7 s. 1 d., ce qui réduisait à 6,227 l. 7 s. 8 d. la dette personnelle de M. Bresson vis-à-vis des deux caisses communes aux pauvres.

M. Bresson reconnut sans difficulté le reliquat à son débit et promit d'en restituer le montant dès le 1ᵉʳ juillet suivant, c'est-à-dire un mois après. Il avait trop compté sur ses forces : incapable de remplir ses engagements au moment prescrit, le malheureux Trésorier se vit obligé de solliciter un nouveau délai; mais le Bureau lui opposait cette fois un refus formel, et décidait de le traduire devant les tribunaux (19 juillet 1789).

Entre temps, divers clients incrits sur les livres de l'ancien Trésorier comme débiteurs de la Manufacture s'en vinrent, munis de leurs quittances, démontrer qu'ils ne devaient rien. M. Bresson convint de ces erreurs dont il rejeta la faute sur sa famille qui l'aurait mal suppléé au cours d'une longue maladie dont il relevait à peine; il reconnaissait en outre et désignait lui-même de très bonne foi certaines grosses omissions de recettes opérées aussi par les siens dans la même circonstance. En sorte que, tout compte fait et sans plaider, M. Bresson dut se constituer débiteur d'un total de 14,730 l. 8 s. 8 d. Il les paya, partie en billets de commerce sur quelques bonnes maisons de Nîmes, et le surplus par la cession au profit des pauvres de deux titres de rente qu'il possédait sur particuliers (4 juillet 1790).

M. Jean Bruneton, désigné comme successeur de Bresson le 17 mai 1789, fut placé à la tête des affaires de l'Hôpital et de sa Manufacture agonisante ; il en liquida consciencieusement tous les comptes. Ses fonctions prirent fin au moment où la Convention faisait table rase de toutes les institutions monarchiques.

Le 21 juin 1793, par délibération du Conseil général de la Commune, le citoyen DALBESAS fut chargé de relever le citoyen Bruneton, de vérifier les comptes de sa gestion et de le remplacer comme Directeur-Syndic de l'*Hospice civil* de Sommières.

Quelques mois après, le nouveau citoyen Syndic, cy-devant noble d'Albenas, qui s'acquittait avec le plus grand zèle de sa tâche envers les pauvres, fut mis, avec tant d'autres, en état d'arrestation pour cause de fédéralisme, et conduit aux prisons de Nîmes le 11 floréal an II (30 avril 1794).

§ 4. MÉDECINS ET CHIRURGIENS ; APOTHICAIRES ; AUMÔNIERS. — Le petit monde de malheureux réfugiés à l'Hôpital recevait, comme les indigents de la ville, les soins d'un médecin qui, suivant les circonstances, offrait gratuitement ses services ou souffrait une légère indemnité. Il nous eût été agréable de mentionner ici les noms de ces dévoués serviteurs des misérables, mais nos archives sont trop souvent muettes à leur sujet. Voici les seuls détails un peu saillants qu'il nous a été donné de recueillir :

Un vieux rouleau de parchemin, daté du 26 avril 1366, porte convention entre les habitants de Sommières et JACQUES TRISSIER, physicien (médecin), qui prend l'engagement de soigner les malades tant riches que pauvres, moyennant quoi il sera quitte d'impositions. On ne nous dit pas si l'Hôpital était compris dans la convention, mais c'est probable.

La communauté venait parfois en aide au médecin gêné dans ses honoraires; le 5 avril 1682, une délibération des Consuls et du Conseil politique dit que PIERRE POUJOLLE, qui secourt gratuitement les pauvres et l'Hôpital, menace de se retirer faute de clientèle puisque les protestants l'abandonnent (c'était au moment de la plus violente persécution exercée contre eux par Louis XIV). Pour conserver ce praticien à Sommières, le Conseil décide que ses visites seront taxées à 10 sols et qu'il recevra de la communauté 100 livres annuelles, mais qu'il continuera à servir gratuitement les pauvres honteux et l'Hôpital.

Malheureusement pour Pierre Poujolle, cette bien modeste libéralité fut peu après révoquée par le Conseil du 20 mars 1684, faute de ressources pour la maintenir.

A peu près à la même époque, dans une délibération des Consuls où l'on s'occupe du médecin, le 13 mars 1689. il est dit que « de tout temps le chirurgien de l'Hôpital a reçu 12 livres de gages», mais nulle part, dans les comptes de la Maison, nous n'avons trouvé trace de cette dépense. En tous cas, le traitement n'était pas large. Il est vrai que la science du médecin à cette époque ne lui permettait pas toujours une efficace intervention auprès du patient, puisque nous voyons un blessé, envoyé aux frais de l'Hôpital, chez Fourmaud, de Congénies (1), qui lui raccommode le bras pour le prix de 6 l. (1733).

____

(1) La famille Fourmaud, de Congénies, s'est livrée de père en fils, jusques à nos jours, et avec succès quoique sans diplôme, aux réductions des entorses et des membres cassés. Sa réputation d'habileté en cet art est encore florissante dans notre région (1896).

Il est également vrai que l'Hôpital ne devait pas entrer pour beaucoup dans les occupations du médecin, si nous en jugeons par une note de 8 livres montant du prix des remèdes fournis par l'apothicaire PRESTREAU durant toute une année, de septembre 1724 à novembre 1725. — Cependant, le 6 décembre 1680, on avait vu le mémoire de l'apothicaire GASPARD HOUSSET, s'élever, pour ses remèdes à l'Hôpital, à 256 livres Mais justement ému d'un pareil compte, le Bureau avait décidé que, bien qu'elle eut été déjà vérifiée, selon l'usage, par deux des confrères du sieur Housset, la note serait revue et modérée par d'autres personnes, telles que M. TERRIEN, chirurgien de l'Hôpital, et que, à l'avenir, l'apothicaire ne fournirait plus rien sans l'ordre des Consuls.

Pendant longtemps et le jour même de leur propre élection, les Consuls avaient nommé le Chirurgien, l'Apothicaire et les Visiteurs de l'Hôpital.

Parmi les Chirurgiens nous citerons les sieurs TERRIEN, qui exerça de 1687 à 1690, et MATHIEU OUBXET qui, ayant offert gratuitement ses services en 1711, les continua durant plusieurs années.

Le 20 juillet 1736, le Bureau des pauvres, considérant que M. ANTOINE NAZON, médecin de Sommières, sert depuis longtemps l'Hôpital sans avoir jamais rien reçu, et jugeant que « l'ouvrier est digne de son salaire », décide qu'on lui paiera 36 livres d'honoraires à partir du premier janvier 1736. Touché de cette prévenance, M. Nazon déclare que désormais outre les pauvres de l'Hôpital il visitera aussi ceux de la Ville. Mais cette bonne volonté de la part du Bureau envers le Médecin fut une fois de plus trahie par ses ressources : le 3 janvier 1745, il se voit contraint de déclarer son impuissance à continuer le service de la faible rente promise. M. Nazon n'en fut pas autrement ému et consentit bien volontiers à continuer gratuitement ses soins aux pauvres.

Sa femme, Madame Nazon, née Marie Gourgas, dans un testament daté de 1750, lui lègue la jouissance de tous ses biens et, après lui, l'entière propriété à l'Hôpital qui, dès lors sera chargé de payer une rente de 50 livres à leur fils quand celui-ci, médecin comme son père, lui succèdera auprès des pauvres; et la susdite rente sera reversible sur ses descendants tant qu'il y aura un médecin dans la famille Nazon. Cette situation dura quelques années seulement : le fils JEAN NAZON quitta Sommières pour aller s'établir à Paris. — Nous rencontrerons plus loin le règlement, avantageux pour l'Hôpital, de la succession Marie Gourgas, veuve Nazon.

Le 25 octobre 1763, pour ne pas laisser dans l'abandon les malades indigents dont l'Hôpital ne peut payer le médecin, les maîtres-chirurgiens de Sommières prennent la résolution de les visiter à tour de rôle moyennant une indemnité de 20 livres par an; ils se relèveront de trois en trois mois, et diviseront leur tâche par quartier.

Quant aux apothicaires, il y en avait trois à Sommières en 1739, MM. PRESTREAU, JOYEUSE et PENCHINAT LE FILS. Tous les trois s'engageaient à fournir les remèdes aux pauvres de l'Hôpital comme à ceux assistés en ville par les Dames de la Miséricorde, moyennant un abonnement annuel de 36 livres, chacun d'eux prenant le titre de fournisseur durant une année entière et à tour de rôle.

AUMONIERS. — Si les Médecins et les Chirurgiens n'étaient que faiblement rétribués au service des pauvres, l'Aumonier chargé de les visiter, de leur administrer les Sacrements, de célébrer le service religieux dans la chapelle de l'Hôpital, pendant longtemps le fut moins encore. C'est là du moins ce qui résulte de nos recherches dans les archives où nous n'avons pas trouvé trace d'émoluments payés à l'Aumonier. Mais à partir de 1787, et probablement à une époque bien antérieure, lorsque les Cordeliers furent chargés d'officier à l'Hôpital, ils recevaient 100 francs par an.

Le 16 avril 1787, l'Aumonier habituel s'étant absenté pour aller suivre un traitement à Montpellier, le Bureau fit appel au zèle d'un autre moine cordelier. Mais celui-ci se récusa sous le prétexte qu'il venait de ressentir quelques atteintes de goutte et conseilla à l'Administration de solliciter auprès de l'Évêque l'autorisation de charger du service de l'Hôpital le Curé ou son Vicaire.

L'Évêque consulté refuse l'autorisation demandée en faveur du curé de St-Amant et l'accorde au vicaire VALADIER « qui, par sa position est plus intéressant. »

Puis vint la Révolution, qui d'abord ne troubla aucun culte tout en dispersant les couvents. Celui des Récollets de Sommières avait été supprimé depuis longtemps par Louis XV; ses moines s'étaient alors retirés à Toulon dans leur établissement principal. L'un d'eux, le nommé PLACIDE GOUT, resté ou revenu à Sommières, son pays natal, demande le 7 octobre 1790 à se consacrer gratuitement au service de l'Hôpital « pour profiter, dit-il, de la liberté accordée par le décret de l'Assemblée Nationale.» Ses fonctions prirent fin en 1703 : il émigra, et ses biens, uniquement composés de *meubles, furent vendus comme biens nationanx, le 21 nivose an III, pour le prix de 271 l., 16 s.* (Fr. Rouvière : *l'Aliénation des biens nationaux dans le Gard,* REVUE DU MIDI, 23 décembre 1896, n° 12, p. 642).

§ 5. DAMES DE MISÉRICORDE. — Jusques au moment où l'Administration hospitalière fut scindée par la création des Bureaux de Bienfaisance, c'est-à-dire jusques en 1812, la direction de l'assistance publique incombait tout entière aux seuls Administrateurs de l'Hôpital. Et comme, outre ceux traités dans cette Maison, il y eut de tout temps des pauvres à secourir en ville, qu'il en existait alors plus qu'il n'en reste aujourd'hui, le Recteur, même secondé par ses Conseillers, ne pouvait suffire à tous les besoins. Aussi, et de très bonne heure, s'était-il formé une association charitable sous le nom de *Dames de Miséricorde* qui, se recrutant parmi la noblesse et le tiers-état, devint le plus précieux auxiliaire de nos Administrateurs. Il est même probable que l'institution des Dames de Miséricorde avait de beaucoup précédé celle des Recteurs.

Pendant plusieurs siècles, l'Hôpital fut uniquement desservi par ces femmes dévouées, qui remplissaient leur humble fonction à tour de rôle. Une chambre, dans la Maison, leur était réservée : c'était « *la chambre de Madame* » ; sous leur surveillance, un serviteur homme et sa femme accomplissaient le gros de l'ouvrage. Pendant les XVIe et XVIIe siècles, quatre Dames de Miséricorde, sous le titre de *Visiteuses de l'Hôpital*, étaient élues chaque année par le *Conseil politique* de la ville.

En 1562, lorsque la presque totalité de la population Sommièroise, peuple, bourgeoisie, robe et noblesse, sous la brûlante parole de Viret, embrassa d'un seul coup, exactement comme à Uzès, les doctrines de la Réforme, on fit table rase d'une foule d'institutions catholiques : *Visiteurs du Chapelet, Visiteurs du bassin de St-Amant, Visiteurs du bassin de St-Laze, Visiteurs du bassin de St-Pons*, etc., disparurent, mais les *Visiteuses de l'Hôpital* furent maintenues. Plus tard, vers le commencement du XVIIe siècle, leur recrutement devenu sans doute plus difficile, une femme, que l'on payait, vint les suppléer dans la Maison, sans être complètement affranchie de leur direction. Dès lors, les Dames de Miséricorde furent à peu près uniquement affectées à l'assistance des familles pauvres de la ville.

On avait bien tenté, plusieurs fois, de leur adjoindre

quelques hommes de bonne volonté; en 1710, par exemple, sous la présidence du marquis de Montpezat, seigneur de Sommières, une réunion de notables avait divisé la ville en quartiers et préposé à chacun d'eux quelques-uns de ses membres pour la répartition des aumônes, mais cette institution, très justement conçue d'ailleurs sous le nom de *Bureau de Charité,* ne dura guère plus de temps que le produit d'une collecte qui l'avait précédée; on essaya de la ressusciter en 1714, puis, finalement, l'idée fut abandonnée. On en revint aux seules Dames de Miséricorde, et il faut en effet reconnaître que ce rôle sied bien mieux aux femmes.

Tous les dimanches, leur petite bourse épuisée, elles venaient chez le Trésorier de l'Hôpital se pourvoir à nouveau de l'argent nécessaire à la prochaine semaine, ou se faire rembourser les avances qu'elles avaient dû faire pendant la huitaine écoulée. Cette dépense variait : elle pouvait aller, pour chacune d'elles, jusqu'à 3 livres par semaine, en l'année 1736. Mais on finit par s'apercevoir que les pauvres rusaient facilement, ou faisaient un mauvais usage de cette aumône. Alors, suivant l'exemple des Hôpitaux de Nîmes et de Montpellier, il fut décidé (1741) qu'à l'avenir on donnerait, au lieu d'argent, du pain. Il en fallait de huit à douze mille livres par an (4 à 6,000 k.) Le nombre des pauvres à secourir était dressé d'avance tous les ans à l'entrée de l'hiver; les moins nécessiteux, après le total fait, étaient, selon les prévisions des ressources ou réduits ou supprimés de la liste. Au milieu du siècle dernier, en 1750, on comptait à Sommières deux cents personnes prenant part aux distributions, depuis la Toussaint jusques au mois de juin, suivant un vieil usage, et plusieurs familles assistées durant toute l'année.

Pour faire économiquement de telles largesses, il parut nécessaire de fabriquer le pain sans recourir aux intermédiaires. En conséquence, le Trésorier de l'Hôpital fut chargé d'acheter le blé, un moulin à passer la farine, une maie à pétrir, une table pour transporter la pâte au four. On fit choix d'un meunier pour la mouture, d'un boulanger pour pétrir. Le blé était acheté sur les marchés de Sommières ou de Lunel, et, en temps de disette, était pris à Narbonne. La mouture se faisait au Moulin de la Grave à raison de dix sous le sac. Mais toutes ces opérations, achat, mouture, confection du pain, étaient choses bien compliquées pour de simples bourgeois ; ils ne tardèrent pas à le comprendre ou à s'en lasser.

On résolut donc de changer de système, et de se borner à l'acquisition du blé qu'on livrerait à un boulanger en échange d'une quantité déterminée de pain moyen, ou *rousset,* dit *second* : un sétier de blé pour un quintal de pain, soit cent trente-trois livres de blé pour quatre-vingt-deux livres de pain. Et l'on s'est longtemps tenu à cette méthode.

Les années de disette, si fréquentes avant le morcellement de la propriété et l'introduction de la pomme de terre en France, venaient, parfois singulièrement compliquer la tâche de l'Administration charitable, et mettre son dévouement à l'épreuve. C'est ainsi qu'en 1747, le prix du pain ne cessant d'augmenter, le bureau décida d'acheter d'un seul coup pour 1,800 livres de grain. Les Dames de Miséricorde eurent mission de le distribuer gratuitement aux indigents, à prix coûtant aux pauvres qui pouvaient le payer. Plus tard même, en 1773, le blé atteignit de si haut cours que la famine devenait imminente. Pour y parer, on acheta, au lieu de blé seul, un mélange d'orge et de froment qui fut livré sous le nom de mixture (*mescle,* en patois) à un prix inférieur au prix de revient; il en coûta encore 1,800 livres. Durant l'hiver de 1793, la disette fut aussi très dure, mais la commune organisa un *Grenier d'abondance* où le pauvre

trouvait à faire ses petites provisions au-dessous du prix
d'achat.

Vers le milieu de ce rigoureux hiver, les grains de
l'Hôpital se trouvèrent presque épuisés. On fut contraint
de recourir, pour lui aussi, au Grenier d'abondance.
Mais là, il était de règle de ne délivrer le grain qu'en petites
quantités et d'en exiger le payement en petits assignats
seulement. Or le bureau avait besoin de beaucoup de blé
et ne disposait, pour le payer, que de grosses coupures.
La charité est industrieuse : on eut l'idée de s'adresser
à un homme aussi dévoué que charitable, M. Vincent
Plauchut, député du département à l'Assemblée Nationale,
qui voulut bien se charger d'échanger les gros assignats de
l'Hôpital contre de plus petits, encore rares à ce moment;
il les transmit à Sommières par paquets de 300 livres
chacun, jusques à concurrence des 1,200 francs reconnus
nécessaires à l'approvisionnement de cet hiver.

L'utile institution laïque des *Dames de Miséricorde*
fonctionna à Sommières jusques en 1812.

§ 6. HOSPITALIÈRES ; HOSPITALIERS ; RÉGIME INTÉRIEUR. —
A la tête de l'Hôpital, mais en ses temps primitifs,
comme nous l'avons déjà dit, étaient quelques dames
charitables qui, se faisant gloire de servir les pauvres,
se chargeaient aussi du soin de la Maison. Plus tard,
— la date n'en est pas très précise, mais on peut la
fixer au commencement du XVII⁰ siècle, — c'est une
femme laïque très dévouée, qui, moyennant un faible
salaire, fut placée sous les ordres immédiats du Recteur
ou du Trésorier-Syndic, et chargée seule du régime
intérieur, sous la surveillance plus ou moins directe des
Dames de Miséricorde.

HOSPITALIÈRE. — Cette femme entretenait l'ordre et la
propreté dans la Maison, prenait soin des malades et des
incurables, veillait à leur entretien, les nourrissait. —

Sous le nom *d'ustensile*, (de l'espagnol *Estancia*, puis du patois *Estansio*, expression singulière qui subsiste encore dans les fermes du Languedoc), l'Administration lui comptait hebdomadairement une somme fixe pour la nourriture de chacun des pauvres. La dépense variait donc selon leur nombre : elle allait de 3 à 5, même à 6 livres par semaine, ce qui représente environ 18 sous par jour et un peu plus d'un sou par tête ! La ration quotidienne de pain, fixée à une livre et demie (750 grammes) n'était pas comprise dans cet abonnement, puisque l'Hôpital achetait le grain, le faisait moudre et cuire. Une distribution de viande, et par conséquent de soupe grasse, avait lieu jeudis et dimanches; il n'était pas question de vin, sauf en de rares circonstances ou en cas de maladie.

Pour compléter ce trop parcimonieux ordinaire, les pauvres avaient le droit d'aller au dehors demander l'aumône. Ils s'habillaient comme ils pouvaient.

Quant à leur approvisionnement de linge, on y pourvoyait au moyen de chanvre acheté directement en foire de Beaucaire, au prix de 5 sous la livre ; les femmes infirmes et l'hospitalière en ses moments de loisirs le filaient, un tisserand de la ville le transformait en toile. Ce procédé économique dura jusqu'au moment où l'on trouva plus simple d'acheter la toile toute prête.

Nous regrettons de ne pouvoir, comme nous l'avons tenté pour les Recteurs, les Visiteurs et les Trésoriers, donner ici les noms et faire revivre le souvenir de toutes les femmes qui furent leurs dévouées auxiliaires : nos archives ont omis de nous les transmettre ; c'est à peine si, vers le milieu du XVIIe siècle, il en est une seule fois question ; leur suite ne peut être reprise avec quelque continuité qu'au début du siècle suivant. Nous tenons cependant, puisque cette histoire est essentiellement locale, à sauver de l'oubli les noms

que nous avons pu retrouver de quelques unes de ces
humbles servantes de la charité :

Madeleine Faye, plus familièrement Fayette, est la
première qu'il soit possible de citer avec certitude.
Elle était en fonction vers 1670. Vient ensuite, mais
bien longtemps après, Isabeau Guillot, qui meurt au
service de l'Hôpital en 1726.

Mlle Mathieu lui succède et reste préposée au soin
des pauvres durant cinq ans ; la maladie l'oblige alors
à se retirer. Mme veuve Pierre Gautier, née Joubert, qui
a déjà suppléé cette dernière pendant dix mois, est
admise comme titulaire le 17 juin 1731, et reçoit comme
traitement annuel 50 livres (150 fr. de nos jours),
jusques en 1736.

Mlle sœur Isabeau Daroussin, de Sommières, qu'on
appelait Mlle de Rosine, est chargée de remplacer sœur
Gautier ; elle sera logée et payée 100 livres par an,
mois par mois, mais à charge de se nourrir et de
s'entretenir sur ses gages ; elle fera dire matin et soir
la prière aux hospitalisés. Mlle de Rosine meurt en 1741,
et c'est Mlle Gabrielle Touzellier (ou Thouzellier), de
Sommières, qui prend sa place,

Celle-ci, au bout de quatre ans, fatiguée, dit-elle, de
ses discussions trop fréquentes avec Salles, l'hospitalier,
ou plus vraisemblablement avec la femme Salles,
demande à se retirer ; mais, sur les instances pressantes
du Trésorier-Syndic, témoin de son zèle pour la Maison,
elle reste ; combien de temps encore ? Nous n'avons pu
le savoir.

En 1773 apparait la sœur Savy, succédant à la veuve
Vidal. La sœur Savy se retire volontairement bientôt
après, en août 1775.

Après bien des recherches, on finit par découvrir à
Montpellier une veuve, Mlle Maurin, qui parut très
propre à remplir les fonctions d'hospitalière, mais qui

exigea d'abord une augmentation de gages ; on les porta
à 150 livres (340 fr. de nos jours), et malgré cette
satisfaction, il ne fut pas possible de retenir sœur
Maurin plus d'un an.

Marie Guillot lui succéda, mais pour quelques mois
seulement puisque, le 16 mars 1777, le Bureau se
plaignait que faute de sœur hospitalière, les infirmes et
les pauvres de l'Hôpital étaient un peu trop à l'abandon
depuis quelques temps. Les recherches recommencèrent
donc, plus attentives que jamais, et l'on finit par engager
Madeleine Raspal, fille majeure, de Sommières, qui,
depuis plusieurs années, servait la dame de Clary,
veuve Bresson. Ses gages furent maintenus à 150 livres,
mais augmentés du blanchissage et d'une canne d'huile
(un décalitre) pour son ménage. Elle mourut le
31 janvier 1780,

Le 13 avril suivant, Elisabeth Peyre, de Sommières,
prit la fonction de sœur hospitalière, avec une augmentation nouvelle, qui porta son salaire à 200 livres.
Cinq ans après elle était folle, En considération des
bons services qu'elle avait rendus « pendant son règne
de sœur », l'Hôpital donna le choix à ses parents, ou
de la garder chez eux avec une pension mensuelle de
12 l. 10 s., qui lui serait servie par l'administration,
ou de la conserver à l'Hôpital à titre de malade. La
famille préféra ce dernier parti.

Puis vint Marie Prade, de Sommières, qu'on appela
Pradette ou sœur Prado, bien que mariée et même
séparée d'avec son mari pour incompatibilité d'humeur.
Encore jeune, robuste, douée d'un intrépide caractère,
sœur Pradette entra au service de l'Hôpital en 1786,
traversa vaillamment toute la période révolutionnaire,
paya même elle aussi son tribut à la loi des suspects,
et alla jusqu'en 1812, soignant, outre le personnel
ordinaire des hospitalisés, les malades et les blessés

que les grandes guerres de la Révolution et de l'Empire
versaient en nombre incessant dans tous les hôpitaux
de France.

Après elle, on eut une nommée Reynaud, de Sommières, dépositaire du fameux remède secret contre la
rage qui a valu jusqu'à ces derniers temps une certaine
réputation à notre ville. Les descendants de cette femme
ont parfois encore l'occasion d'appliquer leur empirique
remède malgré la retentissante découverte du savant
procédé Pasteur,

HOSPITALIERS. — L'hospitalière, qu'on appelait *la Dame,*
l'Econome et surtout *la Sœur,* bien qu'elle fut laïque et
n'ait jamais appartenu à aucun ordre religieux, avait
pour auxiliaire un concierge chargé de la grosse besogne;
il était marié; sa femme lessivait le linge et prenait sa
part des soins à donner aux malades gravement atteints,
tandis que le mari avait la garde du mobilier, veillait à
la discipline, aidait au pansement des hommes, enterrait
les morts. C'est également lui qui conduisait et transportait ceux des pauvres, étrangers ou passants n'ayant
aucun droit au séjour dans l'Hôpital, jusques à une
première étape : à Congénies, à Vic, à Restinclières,
selon la direction qu'ils avaient à suivre.

Le salaire de l'Hospitalier n'était pas gros : 12 livres
par an, le logement et la jouissance d'une terre, propriété
de l'Hôpital, sise au quartier de l'Arnède, près de
St-Amant, où il semait un peu de blé ; et encore était-il
tenu d'employer les pailles de sa récolte à renouveler
et garnir la paillasse des pauvres. Mais il trouvait à ce
parcimonieux traitement une ample compensation dans
le droit, exclusif à son profit, d'enterrer les morts et
d'être le fossoyeur attitré de la ville entière.

Or, bien que ce privilège lui fut incontestablement
acquis par une possession plus que séculaire, il se le vit

un beau jour arracher par le curé de Sommières, M. de Bap, celui-là même que nous avons déjà vu en conflit avec l'Administration hospitalière à propos de préséance.

M. de Bap, de sa propre autorité, s'était permis de substituer au fossoyeur titulaire un nommé Castanier, ancien concierge congédié de l'Hôpital. Indigné d'un tel procédé, le Bureau des pauvres protesta vivement, mais le curé s'obstina. Un procès s'ensuivit, qui, du Sénéchal de Montpellier, vint jusques devant le Parlement de Toulouse. Il en coûta cher à M. de Bap : il fut condamné à reprendre pour fossoyeur le concierge de l'Hôpital, à lui restituer tous les émoluments perçus par Castanier comme *enterreur*, et à payer les entiers dépens du procès (4 septembre 1753).

Pour s'acquitter de cette double condamnation, M. de Bap offrit, et le Bureau accepta, une rente annuelle et perpétuelle de 32 l. 10 s. représentant le capital de 650 l. auxquelles s'élevaient les frais de la procédure et la restitution imposée à Castanier. Le service de cette rente fut garanti par une maison que le curé possédait sur la porte du Bourguet.

La fonction d'Hospitalier fut supprimée vers la fin du XVIII° siècle, et la terre du quartier de l'Arnède qui lui était donnée en usufruit comme supplément de gages, vendue et adjugée publiquement le 6 avril 1774 à Jacques Etienne Aubanel, contre une rente perpétuelle de 60 l.

C'est à peu près alors (14 avril 1771) que, pour remplacer ce fonctionnaire, M°° de Vieillevigne exprima le désir de consacrer aux gages d'une deuxième sœur pour le service des pauvres, les revenus d'une somme de 2,000 livres qu'elle avait donnée à l'Hôpital le 8 février 1763 en vue d'en appliquer la rente à payer l'apprentissage d'un jeune garçon et, alternivement, à doter une jeune fille pauvres. Mais ce vœu n'eut pas de suites.

Régime intérieur : 1° *Étrangers ; Indigents de passage.*
—- C'est avec ses faibles revenus et son peu nombreux
personnel que l'Hôpital entretenait, ainsi que nous
l'avons déjà dit, une moyenne de dix à douze
indigents ou invalides Sommiérois, pour lesquels
d'ailleurs cet établissement semblait exclusivement
réservé. Mais, par bonté d'âme, le Bureau se laissait
aller parfois à recueillir aussi les étrangers, et, parmi
eux, des ouvriers qui, sans moyen de subsistance,
étaient venus s'établir en grand nombre à Sommières
pour y travailler aux manufactures de molleton. Les
Compagnons profitaient aussi de cette largeur de vue :
on appelait *compagnons* de jeunes ouvriers qui, pour
se perfectionner dans leur métier et avoir le droit de
passer *maîtres*, accomplissaient le *tour de France,* c'est-
à-dire s'arrêtaient dans chaque ville de quelque importance pour s'y instruire des divers modes de fabrication,
ou des procédés de travail spéciaux à chacune d'elles.

L'Hôpital les recevait en cas de maladie, mais les
ressources de la Maison en souffraient. On prit donc à
diverses époques, en 1730 par exemple, la résolution
de ne plus admettre ni compagnons, ni ouvriers. Cependant, en cas de force majeure, l'étranger était secouru
mais dirigé au plus tôt sur d'autres établissements plus
fortunés, Montpellier ou Nîmes, et, de poste en poste,
jusqu'au lieu de son origne. — C'est exactement ce que
nous pratiquons aujourd'hui.

L'année même où fut prise cette sage décision, une
aventurière, sur le point de s'accoucher, feignit d'être
malade, entra par surprise à l'Hôpital et y mit au monde
un bel enfant. Grand fut le scandale ! Aussitôt réuni, le
bureau déclare à l'unanimité que « la maison de Dieu
» n'étant point pour favoriser la débauche, à l'avenir
» et sous quelque prétexte que ce soit pareilles créatures
» n'y seront plus admises. »

Mais la surveillance du Bureau était moins rigoureuse

que ses intentions : peu après, en effet, la Direction se plaignait encore de ce que certains pauvres entraient à l'Hôpital sans prévenir personne, et s'apercevait même que tels d'entre ceux-là étaient fort bien en état de travailler et de gagner leur vie. — Sur cette constatation inattendue, nouvelle décision vigoureuse : « à l'avenir, » nul n'entrera à l'Hôpital sans le consentement unanime » du Bureau ou à la majorité des voix ».

2° *Enfants assistés ou batards.* — Voir au chap. III, RESSOURCES DE L'ÉTABLISSEMENT : § 3. Amendes.

3° *Militaires.* — Durant tout le moyen-âge, puis pendant les guerres de religion et jusques à la Révolution française, le château de Sommières avait tenu garnison. Pendant longtemps, les militaires malades furent soignés à l'Hôpital, mais non sans quelque préjudice pour cet humble établissement où leurs journées de présence étaient payées à raison de 2 à 8 sous seulement.

Fatiguée d'une telle charge, l'administration hospitalière finit par opposer un refus formel à l'admission des soldats, et le château se vit contraint de diriger ses malades sur l'hôpital St-Éloy, à Montpellier. Ce transport était aussi dispendieux pour lui que dangereux pour la santé des hommes.

C'est pourquoi, en 1741, intervint une convention entre l'autorité militaire et l'administration civile de Sommières qui voulut bien l'accepter, mais seulement à titre d'expérience : le capitaine commandant la compagnie donnerait 3 sous par jour, le Roi 3 sous et la ville 2 sous. Mais au bout de la première année il fut constaté que l'Hôpital y perdait encore, et l'on revint à l'ancien mode de transport à Montpellier.

Plus tard, les officiers du régiment d'Orléans se plaignirent encore pour leurs hommes, redemandant qu'il leur fût permis de faire soigner, à Sommières leurs dragons malades. Ils offraient toujours la même indemnité de 8 sous par jour, Sous le prétexte qu'elle ne disposait que de 700 livres de revenus pour près de 2,000 livres de dépenses annuelles, l'administration refusa de nouveau formellement. — C'était en 1780.

En 1790, quand éclatèrent les grandes guerres de la Révolution, la République intima l'ordre aux hôpitaux de recueillir les défenseurs de la Patrie, malades ou blessés, mais taxa largement, à raison de 1 fr. 20 c. par jour, les frais de leur séjour à l'Hôpital. Seulement, comme tant d'autres hôpitaux sans doute, celui de Sommières, qui avait eu sa large part de secours à distribuer, dut attendre bien longtemps encore, — jusques aux grandes victoires de l'Empire, — pour être à peu près indemnisé.

CHAPITRE III

RESSOURCES DE L'ÉTABLISSEMENT

§ 1. Censives et Lods. — § 2. Legs et Donations. — § 3. Droit de
Coupe ; Don de joyeux avènement des Consuls ; Denier à Dieu
du fermier de la boucherie ; Amendes ; Manteaux funèbres ;
Bénéfice de St-Amant ; Quêtes.— § 4. Manufacture de molletons.

C'est à la générosité publique que l'Hôpital devait sa
fondation. De bonne heure elle l'avait doté de biens
immeubles qui formèrent la première base de sa prospérité et constituèrent ses premiers revenus territoriaux
sous le nom de *Censives;* les donations testamentaires,
les aumônes concouraient, avec quelques autres petits
revenus plus ou moins accidentels que nous ferons
connaître, à l'entretien des pauvres si nombreux à
Sommières, — comme partout d'ailleurs — durant tout
le moyen-âge et même pendant le XVIII* siècle, où,
pour une population de 3,000 âmes à peine, les Administrateurs de l'Hôpital comptaient jusqu'à 200 personnes
à secourir (1).

Nous allons énumérer avec quelques détails chacune
de ces ressources.

§ 1er CENSIVES ET LODS. — On sait que la *Censive* était
une rente due par le vassal au seigneur ou suzerain d'un
fief, à la suite d'une vente d'immeuble sous la forme
très usitée jadis de bail en emphytéose, c'est-à-dire de
cession à perpétuité. Pour prix de la cession, l'emphytéote, ou acquéreur, était tenu de servir à son suzerain,

___

(1) De nos jours, bien que le chiffre de la population soit plus
élevé d'un quart, la moyenne des indigents à secourir en ville ne
va pas au delà de 50 à 60, et celle des hospitalisés ne dépasse pas
8 personnes.

ou vendeur, une redevance perpétuelle aussi, soit en argent, soit le plus souvent en denrées. En général, les terres vendues payaient une quarte de grain (environ 40 litres) par quarte (5 ares) de contenance. L'engagement de servir la rente était indépendant de l'acte de vente : il donnait lieu à un acte séparé, dit *Acte de reconnaissance féodale,* renouvelable tous les 30 ans au moins, sous peine de proscription au préjudice du suzerain ; et, au moment de son renouvellement, le nouvel *instrument* prenait le nom de *Reconnaissance à nouvel achapt.* Ce renouvellement ne mentionne jamais d'origine de la propriété, qui se lit toujours au contraire sur l'acte primitif de transmission.

Nos archives, riches surtout en titres de *Reconnaissances,* n'ont conservé que très peu d'actes initiaux, soit testamentaires, soit entre vifs, portant transmission directe en faveur des pauvres de la suzeraineté des biens sur lesquels ont si longtemps reposé les *Censives,* ou redevances immobilières, servies à l'Hôpital de Sommières. En sorte que nous sommes condamnés à passer sous silence les noms de ses premiers bienfaiteurs que la gratitude nous eût fait un devoir de citer ici. C'est à peine si nos archives nous en ont transmis un par siècle, Nous les exhumons avec empressement.

En 1273, c'est par testament notarié que Cécile Giraud, de Sommières, donne à l'Hôpital tous ses biens et notamment une vigne à Boisseron, près de Bénovie.

Terrin de la Motte, de Sommières, ajoute au testament qu'il a dicté à maître Cottelier, notaire, le 6 des nones de mai 1297, un codicile par lequel il ôte à sa femme, Isabelle, la nue-propriété d'une vigne qu'il possède à Fontanès, lui en réserve seulement l'usufruit et lègue le fonds à l'Hôpital.

Pour le siècle suivant, un parchemin en piteux état, daté de 1380, nous apprend que Gilette Daniel, de

Junas, donne à l'Hôpital de Sommières une vigne située dans sa paroisse.

En 1453, survient une transaction sur procès entre l'Hôpital et Jean Germain : il s'agissait d'une donation testamentaire, par Jean Olivier, d'une maison à Sommières et d'une terre à St-Amant, en faveur de l'Hôpital.

C'est également dans un compromis daté de 1570 que nous rencontrons le nom de Françoise Dumas, veuve d'Etienne Guibal, comme ayant légué à l'Hôpital une maison *rue de la Monnaie,* et deux terres sur le territoire de Sommières.

Parfois aussi, — nous en avons quelques exemples, — l'Hôpital employait ses propres économies ou les dons pécuniaires, à l'acquisition d'immeubles, ou même de certains droits seigneuriaux.

C'est ainsi qu'en 1273, son recteur, Pierre de St-Clément, au prix de 40 sols tournois, achète de Pons, fils de noble Brémond, seigneur du Caylar et de Boisseron, la pleine et entière possession de l'albergue d'un chevalier (1), sur quatre pièces de terre et une vigne payant la dîme à Fontanès.

Une autre fois, le jour devant les ides d'octobre 1303, le même Pons, ou son homonyme, vend à Jacques Imbert, recteur, une parran « en aloy libre et absous » (sans aucune charge) située dans la dimerie de Saint-Pons de Sommières, au-dessus de l'Hôpital, ayant reçu 40 sols tournois pour prix de cette vente devant Jean Rostignan, notaire. C'est encore Jacques Imbert, prieur de Sommières et censeur de la maison de l'Hôpital, qui

______

(1) L'albergue était une charge établie par le seigneur sur certaines terres qu'il donnait en fief; elle consistait à défrayer le suzerain ainsi que les gens de sa suite quand ils passaient sur ces terres ; suivant son importance, la terre devait l'albergue, c'est-à-dire le vivre et le couvert, à un ou plusieurs soldats. Cette charge était rachetable en argent ; elle était transmissible.

le 17e des calendes de janvier 1310, rachète de
« Raymond de Lecques, chevalier, seigneur en partie de
» Montredon (*Montrodun*), la directe seigneurie, lods,
» conseils et 6 deniers tournois annuels que ledit Ray-
» mond de Lèques avait coutume de prendre sur deux
» parrans du dit Hôpital, situées, l'une au-dessus de la
» Coste du dit Hôpital, et tout près d'icelui, et l'autre
» au lieu appelé la *Costaurelle,* le tout pour le prix de
» 40 sols tournois, par acte reçu Pierre Barnier,
» notaire. »

En 1381, l'Hôpital fait l'acquisition de la censive d'un
sétier d'orge (150 litres) sur une vigne à La Rouvière.

C'est par échange que, le 2 février 1322, il s'était
débarassé d'une censive *de 6 deniers* (moins de 2 sous
de notre monnaie actuelle) que lui servait le propriétaire
emphytéotique d'une vigne située trop loin de Sommières, dans la dimerie de Baillargues, et qu'il en acquit
une de même valeur, mais plus à sa portée, dans la
dimerie de St-Amant.

Telle serait, d'après ces trop rares exemples, l'origine
d'une bien faible partie des censives payées à l'Hôpital
dans les premiers siècles de sa fondation.

Malgré son apparence d'extrème solidité, nous
verrons par la suite combien cette base de la fortune
territoriale de notre établissement charitable fut rendue
fragile par la négligence de ceux-là même à qui en
était confiée la conservation.

Il ne faudrait pourtant pas croire que notre Hôpital
ait jamais été bien riche, quoi qu'en dise Emile Boisson
dans son histoire *De la ville de Sommières,* lorsqu'il
affirme, p. 341, que « au XVIe *siècle, avant nos
» dissensions religieuses, cette maison avait des revenus
» considérables et qu'ils furent dispersés par la tour-*

» *mente* (1) ». C'est une double erreur, et d'autant
plus étrange sous la plume de notre historien qu'il
avait certainement rencontré, dans les archives de
l'Hôpital aussi bien que dans les archives de la Mairie,
l'ordonnance rendue par François Ier, en 1543, c'est-à-
dire 18 ans avant l'introduction de la réforme dans
notre petite ville, et par conséquent *bien avant nos
dissensions religieuses,* contre les usurpateurs des biens
de l'Hôpital: « Comme nous sommes dûment averti,
» dit le Roi, que les hôpitaux fondés en notre royaume,
» ayant été mal administrés par ci-devant, sont encore
» de pis en pis gouvernés par leurs administrateurs et
» autres qui doivent avoir l'œil sur iceux, lesquels se
» sont efforcés et s'efforcent encore journellement
» vouloir appliquer à eux ou leurs serviteurs le revenu
» des dits hôpitaux et en faire leur patrimoine..,... »
Voilà qui est clair; mais voici qui le devient encore
plus et que n'ignorait pas d'avantage l'auteur Sommiérois (voir sa p. 101) : l'un des petits-fils de François Ier,
Charles IX, par lettres patentes du 1er août 1571,
reprend l'ordonnance de son aïeul, restée jusques alors
sans résultat, et, pour réprimer ces usurpations qu'il
attribue aussi bien *aux laïques* qu'aux *ecclésiastiques,*
veut que toutes les chapelles de Sommières, savoir;
la rectorie de la Trinité, les chapelles de St-Yves,
Ste-Catherine, Ste-Marie, St-Blaize et la confrérie de
St-Jacques, établies dans l'église de St-Pons, la chapelle de St-Crépin, établie dans l'église des frères
mineurs (*cordeliers*), et la chapelle de St-Sauveur,
établie au château, aient désormais à servir leurs

(1) E. Boisson ajoute, pour prouver son dire : « Il (l'Hôpital)
possédait des censives jusques à Baillargues! » — C'est vrai: l'Hôpital de Sommières possédait en effet une censive à Baillargues
mais que lui rapportait-elle? — 6 deniers! moins de 2 sous de notre
monnaie. Et il s'en débarassa, comme nous venons de le voir.

rentes à l'Hôpital (1). Ce fut encore peine perdue : le clergé, alors détenteur de ces bénéfices, ne voulut point les céder. En vain un commissaire, expédié par le sénéchal de Beaucaire et Nîmes, vint-il à Sommières (2) pour faire exécuter la volonté royale, rien n'y fit.

Bien plus, le clergé continua ses tentatives d'usurpation en mettant à profit la haute autorité du duc de Montmorency, vainqueur des Huguenots, et obtint de ce seigneur, à la demande de l'évêque de Nîmes lui-même, une ordonnance obligeant les consuls à mettre à l'usage des prêtres, « qui sont de nouveau venus en cette ville pour dire la messe », une maison à la Taillade et un pré derrière les remparts (aujourd'hui *la Violette*). Mais les consuls protestèrent contre cet ordre et envoyèrent deux députés auprès de M. de Montmorency pour lui représenter, avec preuves à l'appui, que ce pré et cette maison appartiennent aux pauvres de l'Hôpital et n'ont jamais été « du bien des quatre prêtres ». (*Arch. de la Mairie,* délib. du lundi 15 février 1593).

Depuis lors jusques en 1774, c'est-à-dire durant deux siècles, il ne fut jamais plus question de réintégrer les pauvres dans leurs droits usurpés.

A cette date, le 22 octobre 1774, une requête fut présentée dans le même but à Louis XVI, mais n'aboutit pas d'avantage : le Roi voulut bien donner aux Recteur et Administrateurs de l'Hôpital l'autorisation d'intenter une action judiciaire contre les détenteurs

----

(1) Ces huit chapellenies à restituer à l'Hôpital étaient dotées de maisons, terres, prés, bois, vignes, plans d'oliviers et censives.

(2) Le commissaire qui vint vaquer à l'exécution des patentes du Roy s'établit dans la maison d'Etienne Philip, hôte de *la Croix-d'or*, puis partit sans solder sa note qui montait à 20 écus. L'hôte en rendit la ville responsable, la lui réclama pendant plusieurs années et finit par obtenir, le 3 février 1579, en guise de paiement, la cession d'une terre sise à la dîmerie de Villevieille, au quartier du Crès.

des biens des pauvres, mais sous la réserve de se
pourvoir au préalable d'une autorisation spéciale de
l'Intendant de la province « laquelle ne pourra leur
« être accordée que sur le vu d'une consultation d'anciens
« avocats choisis et nommés par ledit Intendant. »
Cette restriction faisait pressentir une fin de non
recevoir. Et en effet, le 12 juin 1778, les Administrateurs, après avis de deux avocats de Montpellier,
renoncèrent à soutenir leurs prétentions, attendu,
disaient les jurisconsultes, que la prescription de
40 ans, quand il s'agit de biens ecclésiastiques, était
acquise aux propriétaires actuels des biens contestés,
par une possession d'environ deux siècles.

Si, au lieu d'exiger la pleine propriété des bénéfices
attachés aux diverses chapelles visées par les lettres
patentes de 1671, l'Hôpital se fût contenté d'en demander la simple réunion à ses droits, sans prétendre
déposséder aucun des titulaires, cette concession aurait
certainement abouti : les prêtres desservant les chapelles, sûrs d'en conserver les revenus leur vie durant,
auraient consenti sans peine cette réunion après leur
mort ; les plus âgés d'entre eux se disposaient même
à l'accorder. On sentit la faute et, pour la réparer, les
Administrateurs implorèrent l'intervention de l'évêque
de Nîmes auprès de l'Intendant de la Province, mais il
était trop tard : la Révolution française vint couper
court à cette discussion séculaire.

Si le clergé eût obéi à l'ordonnance de François Ier, ou
même à celle de Charles IX, l'Hôpital eût en effet joui
des *revenus considérables* que lui attribue gratuitement
l'historien de Sommières pendant le XVIe siècle, mais
c'est précisément jusqu'à cette époque qu'il avait été
le plus misérable.

Un inventaire, que nous rapporterons plus loin
in-extenso, dressé par le consul et son greffier en 1807,
constate en effet que notre Maison hospitalière n'était

alors composée que de *trois pièces* et ne possédait pour tout mobilier que six lits, cinq traversins et vingt-neuf draps tant bons que mauvais. — Est-il admissible qu'un établissement ayant eu, à un moment quelconque de son existence, la possibilité de s'agrandir au moyen de ses revenus, se fut contenté, pendant quatre ou cinq cents ans, d'un local composé de trois pièces, quand à côté l'espace ne lui manquait pas pour s'étendre ! — C'étaient donc les ressources qui lui manquaient.

D'autre part, si nous calculons, d'après les 23 parchemins du XIIIe siècle qui restent à nos archives, quels pouvaient être les revenus de l'Hôpital à cette époque reculée, et si, pour faire approximativement la part des autres documents perdus, nous doublons le total ainsi obtenu, nous trouverons que ses revenus annuels atteignaient à peine douze sous de numéraire, produits par les censives (2 francs 70 centimes de notre monnaie) ; mais comme les tributaires étaient le plus souvent tenus de payer en nature, il convient d'ajouter à cette modique somme en espèces celle représentée par les denrées : nous obtenons alors, toujours en doublant pour la même raison, 80 litres d'huile, 250 litres de froment, 250 litres de blé mélangé de seigle et 600 litres d'orge, à peine de quoi nourrir une seule personne pendant un an.

Du XIVe siècle, nos archives ont retenu 53 parchemins portant *Reconnaissances* : les censives en argent ont considérablement augmenté, mais ne vont pas cependant au-delà de 10 l. 3 s. 11 d. ; par contre, celles en nature ont diminué d'un tiers.

Supposons pour les XVe et XVIe siècles une progression double, triple si l'on veut, on n'arrivera jamais à montrer les *revenus considérables* de la légende de M. Boisson (1), et cela d'autant moins que les Recteurs,

____

(1) Un cahier daté de 1800, contenant un relevé, qui paraît

qui se succédaient dans l'administration de l'Hôpital, n'apportaient pas toujours aux soins de leur charge un zèle des plus empressés : les rentrées de tant de sommes minuscules se faisaient trop souvent avec une irrégularité déplorable ; certaines censives demeuraient quelques fois impayées pendant plus de 30 ans, et dès lors prescrivaient.

De temps en temps l'aiguillon de la nécessité, ou le regret de tant de négligence poussait les Recteurs à secouer leur inertie. Ils essayaient alors de reprendre une marche plus régulière dans le recouvrement des redevances, pressaient les débiteurs, tâchaient de retrouver ceux que la prescription allait couvrir ; mais ces recherches, difficiles parmi tant de pactes libellés en latin, dépassaient le plus souvent la portée de leurs moyens. On avait alors recours aux lumières d'un feudiste qui entreprenait les poursuites et traitait avec les retardataires.

Tel, Balthazard Bonnet, qui reçut commission de lever les *lods et arrérages des censives dues du passé jusques à ce jourd'hui 20° de septembre feste de St-Michel 1582.* Il retrouva 22 débiteurs en retard depuis plus de dix ans et les contraignit de payer, soit en argent soit en nature, près de 380 livres (environ 1,400 fr. de notre monnaie ; près de 140 fr. par an).

Ce feudiste ne dut même pas voir tout, car, 19 ans après, le 20 juin 1601, « sur la raison que depuis

complet, de tous les *arrentements des biens des pauvres,* maisons, terres, vignes ou olivettes appartenant à l'Hôpital, lui assigne de ce chef un revenu de 204 livres 2 sous ; ce relevé est suivi d'un second intitulé *Lièvre des recognaissances de l'Hospital de la ville de Sommières,* lequel porte la valeur totale des censives qui lui sont dues annuellement à la somme de 6 livres 8 sous 0 deniers, soit pour l'un et l'autre registre, un total de 1,100 fr. de notre monnaie actuelle. (*Arch. de la Mairie,* série GG., n° 8, 1839),

Il est bon d'observer ici que ces deux relevés, résultat de recherches effectuées chez tous les notaires, étaient l'expression exacte de la fortune actuelle et même antérieure de l'Hôpital.

« 20 ans de nombreux emphytéotes refusent de payer
» ni de renouveler leurs Reconnaissances dont la plus
» grande part des titres a été perdue, mandement »
est donné par les Consuls à Jacques Vidal, notaire
royal à Sommières, de remédier à cet état de choses en
recherchant chez les divers notaires de la ville les
débiteurs de l'Hôpital. Le résultat de ce travail, très
consciencieusement poussé en remontant jusques à 1466,
remplit un gros volume manuscrit, in-quarto de nos
archives.

Peu après encore cependant, en 1607, un autre
notaire, Pierre Toran, fut chargé de recouvrer, moyennant 6 deniers par livre, les créances en retard : il en
releva 55.

Mais l'incurie des Recteurs était sur ce point aussi
difficile à vaincre que la négligence ou la mauvaise
volonté des débiteurs.

En 1664, Jean Labric, praticien ou procureur, avec
l'avocat Hérault, reçurent commission de reprendre
pareilles recherches et découvrirent entre autres, une
censive de 10 livres, — somme relativement fort
importante, — qui n'avait pas été recouvrée depuis
20 ans !

En 1676 et 1677, nouvelles plaintes, nouvelle délibération : « les Consuls et notables assemblés le
» 14 novembre, attendu que l'Hôpital a de nombreux
» beaux droits qui ont été négligés par ses précédents
» Administrateurs au point que ses revenus autrefois
« très considérables » (nous venons de voir combien
grande à ce sujet était l'illusion de ces Messieurs et
d'Émile Boisson qui reprodui. leurs propres termes
sans en vérifier l'exactitude), « ne peuvent suffire
» même à faire les petites réparations nécessaires aux
» bâtiments », conviennent de donner au Révérend Père
Ange Malaval, syndic général et gardien du couvent des

Frères-mineurs (Cordeliers), le droit de rechercher et de faire rentrer, à ses frais et dépens, mais avec remise à son profit de la moitié de ses découvertes, tout ce qu'il pourra découvrir de créances envers l'Hôpital. C'était exciter par une large rémunération le zèle du Révérend Père. Néanmoins, comme on se défiait sans doute de son ardeur trop belliqueuse, il fut entendu que nulle poursuite ne serait entreprise par lui sans l'avis préalable de de maître François Bérard, docteur, habitant de Sommières, « qui promettait de donner ses conseils *pour l'amour de Dieu et l'intérêt des pauvres* ». C'était un frein, peut-être même une leçon.

Le Père Malaval se mit donc à l'œuvre ; et, comme à cette époque, veille de la Révocation de l'Edit de Nantes, il ne faisait pas bon en France pour Messieurs de la *religion prétendue réformée,* c'est par eux que le moine commença.

Après de nombreuses recherches, consultations, délibérations et relevés de plans, il déclara que leur temple, (bâti sur l'emplacement qu'on appelle encore de nos jours la *Place du Temple*), avait été jadis édifié sur une partie du fonds qui relevait de l'Hôpital et que, par conséquent, censives et droit de lods devaient être payés de ce chef. — En admettant l'exactitude de la dette, il est certain que le temple ayant été bâti en 1581, c'est-à-dire depuis 05 ans, la prescription des droits de lods et censives lui était depuis longtemps acquise. Mais, en ce temps de persécution aiguë, on ne regardait pas à une injustice près. Les réformés, sentant bien pour eux l'inutilité de soutenir la lutte devant les tribunaux, dès la première sommation se rendirent. En conséquence, le 7 juin 1670, transaction fut passée entre le Consistoire et les Consuls, qui fixèrent à 119 livres les arrérages des censives, et à 300 livres le droit de lods, et concédèrent pour l'avenir exemption de toute redevance envers l'Hôpital. C'était cher, car il était alors bien facile de prévoir, par ce qui se passait dans toute la France, que le temple de Sommières allait être bientôt rasé comme les autres ; il le fut en effet six ans après, en 1685, par ordre du Roi, et son emplacement confisqué.

Après la transaction, « les Consuls, Procureurs des
» pauvres et autres bons habitants de la ville estant
» assemblés au son de cloche pour délibérer d'accepter
» l'offre de 300 livres que Messieurs de la R. P. R.
» faisaient pour l'indemnité qu'on leur demandait sur
» le temple, délibérèrent de donner au Syndic des
» Frères mineurs 30 écus (150 livres), outre la moitié
» des arrérages de la censive.... et M. de Pruneyron,
» premier Consul, fut chargé d'aller remercier ledit
» Syndic des soins qu'il avait pris de procurer pareille
» somme à l'Hôpital... » — Ainsi fut fait.

Le P. Ange Malaval, poursuivant ses recherches, se montra plus magnanime envers les dames Ursulines : ayant découvert que M. Aubaret leur avait vendu, dix ans auparavant, un pré appelé *la Violette* payant à l'Hôpital la censive d'un sétier d'orge, que ces dames avaient toujours oublié de servir, le R. Père leur fit gracieusement abandon de la moitié qui lui revenait sur sa découverte, exprimant en outre l'espoir que, de son côté, la Ville « en reconnaissance du bien spirituel
» que les Dames Ursulines font aux âmes, ne leur
» demandera rien de l'autre moitié. » On ne leur demanda rien, en effet.

L'Hôpital possédait jadis, au quartier de Font-de-l'Aube et de la Pradarié, dans la communauté d'Aujargues, un certain nombre de fiefs lui servant un total d'une vingtaine de livres. En 1618, les Consuls de Sommières qui remplissaient en même temps la fonction de Recteurs des pauvres, après avoir reconnu que ces nombreuses redevances, d'un recouvrement difficile et dont la plupart des titres étaient d'ailleurs perdus (1) ne rapportaient presque rien, les avaient mises en adjudication publique au profit de l'Hôpital... Le sire noble Jean de Louet de Nogaret, marquis de Calvisson, seigneur d'Aujargues, s'en rendit acquéreur au prix de 300 livres, et payait, pour l'intérêt de ce prix, une somme annuelle de 20 livres à la commune de Sommières (*Archives municipales 1640*). Mais les Consuls Ozias Ribes, Jean Coste, Pierre Marc vieux (aîné) et Antoine Lhermet, coupables de cet acte de bonne administration, étaient tous les quatre protestants, et le marquis de Calvisson aussi.

Le Père Ange Malaval, en 1684, résolut de revenir sur l'adjudication de juillet 1618; certain du succès, il intenta un procès, non pas à la commune qui avait perçu les arrérages, mais au marquis de Calvisson lui-même et l'obligea, à la suite d'un arbitrage, de restituer à l'Hôpital la directe et les censives qu'il avait, pendant 66 ans, payées à la commune; toutefois il lui réservait son recours contre les héritiers du premier Consul Ozias Ribes, mort depuis près d'un demi siècle. Quelle impartialité!

Les efforts du Père Malaval aboutirent enfin à la rentrée d'une somme de 86 l. 8 d., due par 8 ou 9 autres vassaux retardataires, et se clôturèrent par un assez long état des « *censives liquides que l'Hôpital des pauvres de Sommières peut lever paisiblement toutes les années* » à Sommières, Campagne, Villevieille, Pondres, Aujargues et Fontanès. D'après cette liste, il ne restait plus à l'Hôpital que 20 tributaires lui servant au total une rente de 8 l. 17 s. 10 d., plus une salmée et demie

------

(1) Cette façon trop fréquente de dire que les anciens titres constituant les censives de l'Hôpital *avaient été perdus*, n'était qu'une mauvaise excuse à l'impéritie ou à l'ignorance de ceux qui avaient à les rechercher : étant actes authentiques, ces titres existaient toujours en minute chez les notaires qui les avaient reçus.

de blé (300 litres). Mais cette liste si laborieusement édifiée n'était pas encore complète.

Douze ans plus tard, en effet, en 1697, M⁰ Persin, notaire, appelé à opérer encore semblables recherches, découvrit 35 censitaires (au lieu de 29) payant une redevance totale de 13 l. 3 d.

Il semblerait, après tant de soins, tant de minutieuses perquisitions si fréquemment renouvelées, que les recouvrements dûssent enfin être régularisés, s'opérer désormais sans encombre. Il n'en fut rien.

En 1711, la prescription menace encore d'atteindre de nombreuses censives! on charge M⁰ François Bérard de confectionner un nouveau livre terrier et, comme salaire de ce travail, on lui alloue « la moitié de tous » les droits de censive, lods, pension et autres qu'il » fera rentrer dans dix huit mois, » mais à ses frais.

M⁰ Bérard ne s'empressa guère, garda pour lui tous les recouvrements qu'il put opérer et mourut au bout de huit ans, pendant lesquels on ne lui avait demandé aucun compte, laissant le même désordre paisiblement régner dans les affaires de l'Hôpital.

Huit ou neuf ans se passent donc, puis, le 30 décembre 1727, intervient une convention entre les Administrateurs et M⁰ Claude Reynier, de Quissac, en vertu de laquelle ce feudiste éclairé procédera à la liquidation « de toutes les anciennes créances, lods et arrérages » impayés depuis 20 ans, en gardera tout le produit » pour salaire, et procédera à la confection d'un livre » terrier. » Le 21 juin 1735, ces conventions furent déclarées tenues et exécutées.

Mais au bout de dix-neuf ans, l'embarras recommence ; les mêmes recherches, redevenues nécessaires, sont confiées au sieur Joyeuse qui, faute de temps, ne peut continuer, dit-il, pareil travail. On fait alors appel à un notaire du pays, Jean Favas, qui accepte l'entreprise et la mène à bonne fin, moyennant deux sous par livre (3 juin 1755).

Il dut la reprendre à nouveau dix-huit ans après(1773), mais cette fois en gardant la moitié du produit de ses recouvrements. Ils atteignirent la somme de 667 l. 7 s. 4 d.

Entre temps, le 1er et le 24 décembre 1780, les Directeurs de l'Hôpital découvrent que certains immeubles de Fontanès, au lieu de payer leurs redevances aux pauvres, s'en acquittent envers M. de Narbonne, seigneur du lieu. A la suite de pareille constatation, un conflit de fief était sur le point d'éclater, quand M. de Narbonne, après avoir consulté plusieurs feudistes, offrit, sur leur conseil, de payer à l'Hôpital 30 louis d'or (720 livres, 1,675 francs environ de nos jours), en échange de tous ses droits de directe sur les terres de Fontanès, l'abandon des arrérages encore dus, et la cession d'un sétier d'orge que M. de Narbonne devait comme censive à l'Hôpital.

Cette proposition combla d'aise nos Directeurs ; elle les débarassait du souci d'une multitude de petits recouvrements et soldait d'un seul coup dix-neuf années d'arrérages fort compromis ; ils l'acceptèrent avec empressement, et c'est ainsi que passèrent sous la directe de M. de Narbonne tous les fiefs que l'Hôpital possédait sur le territoire de Fontanès.

Une visite pastorale que l'Evêque de Nîmes fit à Sommières, en 1788, fut une dernière occasion de mettre en relief l'éternelle négligence de l'Administration hospitalière au point de vue des recouvrements. Ce judicieux prélat s'en était facilement aperçu ; il le déclara dans une lettre très vive, où il prescrivait aux Administrateurs plus de vigilance à l'avenir, et l'ordre de procéder sans délai à la rénovation des fiefs terriers et des reconnaissances féodales passées au profit de l'Hôpital. — La lecture de cette lettre souleva les protestations de l'autorité civile, représentée à la réunion des Administrateurs par M. Vincent, avocat, contre l'ingérence de la juridiction ecclésiastique dans les affaires temporelles; mais le Bureau, intimidé, se hâta d'obtempérer aux prescriptions, si urgentes en effet, de l'évêque, et chargea le feudiste Maurin de procéder au renouvellement des fiefs, et le greffier Landrau, de poursuivre, moyennant un sol par livre (5 %), le recouvrement de toutes les créances en retard (19 février 1780).

Droit de lods (1). — Le droit de lods aurait certainement fourni de notables ressources à l'Hôpital si l'incurie invétérée de ses Administrateurs ne leur en avait fait le plus souvent négliger la perception. Nous n'avons rencontré en effet que de rares occasions d'en constater le paiement par les tenanciers que ce droit aurait dû toujours atteindre. La plupart y échappaient, ou, s'ils étaient découverts, une transaction, à leur avantage le plus souvent, intervenait entre eux et l'administration hospitalière qui facilement se montrait généreuse du bien des pauvres.

C'est ainsi, par exemple, que le 28 avril 1712, on découvrit par hasard qu'un « jardin à roue, avec pré » et terre joignant, situé au quartier de Bragavesse et » relevant de l'Hôpital sous la censive de 12 sols », avait été acheté du sieur Tourrel par Jean Gautier qui, depuis 20 ans, n'avait point payé la censive et moins encore le droit de lods. Le lods seul s'élevait à 231 livres : la censive à 18 livres. Mais Gautier implora, deman-

____

(1) Le *lods* était un droit de mutation payé au suzerain d'un immeuble chaque fois que le bailleur en emphytéose transmettait la propriété de cet immeuble à un tiers; le droit de lods était proportionnel, et variait de 2 à 4 sous par livre (10 à 20 p. 100), mais il était souvent l'objet de marchandage. Une reconnaissance au profit du suzerain par le nouveau propriétaire emphytéotique était la conséquence forcée de cette transmission de propriété.

dant une remise ; et, sous le prétexte « qu'il est chargé d'enfants », on décide que pour tous droits en retard il paiera la somme de 100 livres, à charge de passer nouvelle reconnaissance.

Le 5 avril 1767, remise du quart est également faite sur un lods de 200 livres dû par les enfants de feu le marquis de Villevieille ; l'année précédente, Franc, pour l'acquisition d'une maison mitoyenne de son auberge *où pend pour enseigne un Soleil*, sur la place du Bourguet, avait payé pour droit de lods la somme de 333 l. 12 s., « lui ayant été fait grâce du tiers » disent les comptes du Trésorier.

Rarement cet impôt de transmission, d'ailleurs très lourd, était-il acquitté en son intégrité.

§ 2. Legs et Donations. — D'après les détails que je viens d'exposer sur les censives annuellement payées à l'Hôpital, il est clair que leur produit, dont le recouvrement même était d'ailleurs si souvent négligé, ne pouvait pas suffire à l'entretien des pauvres. C'est surtout par les donations testamentaires et les aumônes que notre établissement charitable vécut, suffisant à toutes ses charges, parvenant même à se créer dans la suite des temps, un fonds de revenus capable de le mettre désormais à l'abri des années maigres ou stériles, quand, sous la néfaste influence des guerres politiques ou religieuses, et celles des calamités agricoles, venait à faiblir la charité publique.

Ici encore pour retrouver les Donateurs que la reconnaissance nous ferait un devoir de citer, nous nous heurtons malheureusement à la rareté des anciens titres ; nos archives sont à peu près muettes sur ce point jusques au XVIIe siècle : c'est à peine si, dans ce long intervalle, nous avons pu recueillir, en 1346, le nom de Durand, un maréchal de Sommières, qui fait remise à l'Hôpital de 4 sétiers d'orge dont le sieur Etienne André, de *Savagnargues*, lui sert la rente ; en 1421, l'acte de donation d'une maison sise à Sommières, par la femme Bonnafoux ; et, en 1540, un legs de 50 francs aux pauvres par noble Antoine de la Tourette.

De 1607 à 1693, un registre, conservé aux archives de la ville de Sommières intitulé : *Registre des légats et dons faits aux pauvres de la Religion réformée*, consigne 842 legs, variant de 5 sous à 300 livres, tous institués par actes notariés, et comportant un total de 9,300 livres qui furent données, dans ce laps de 80 années, aux pauvres protestants et quelquefois à l'Hôpital (voir plus loin chapitre IV, § 2 Mobilier.

Mais dès les premières années du XVIII° siècle, les mentions de donateurs abondent, et cette abondance même, qui n'était certainement point un fait nouveau, augmente nos regrets des pertes antérieures.

Nous avons soigneusement consigné sur un registre spécial, destiné à rester dans nos archives, le nom de tous les bienfaiteurs qu'il nous a été donné de retrouver au cours de nos minutieuses recherches : il en est un très grand nombre, la plupart inscrits pour des sommes quelquefois extrèmement minimes, mais par cela même témoignant de la sollicitude générale pour les pauvres.

Nous ne mentionnerons ici que les donations les plus considérables, celles sur qui, pendant près de cent ans, reposa la fortune de notre établissement charitable, et celles présentant quelque intérêt particulier.

— Par testament du 2 février 1711 le sieur Henri Marc, de Sommières, lègue aux pauvres 500 livres payables après le décès de demoiselle Vouloux, sa femme, affectant spécialement au paiement de cette somme les meilleures créances qu'il possède à Boisseron. Ce legs n'étant point encore acquitté en 1723, nécessita des poursuites contre les héritiers du testateur.

— Le 19 juin de la même année, Louis Terrien, curé de St-Amant, donne par devant Mᵉ Vincens, notaire, une somme de 2,000 livres qui sera distribuée aux pauvres après le décès du testateur, et, à l'Hôpital, une rente de 100 livres qui lui est due par la ville de Nîmes.

L'origine de cette créance sur la ville de Nîmes est assez curieuse pour être ici rapportée : elle se rattache à un épisode des dernières années du règne de Louis XIV. — Lorsque le grand Roi se vit contraint d'envoyer en Languedoc le maréchal de Villars pour pacifier les Cévennes et en finir avec les Camisards révoltés contre une persécution inouïe, le maréchal vint s'établir à Nîmes ; le terrible Baville, intendant de la Province, l'y suivit. Pour loger dignement ces deux hauts personnages et leur suite, la ville de Nîmes dut emprunter au sieur Raymond Novy, commissaire du Roi et lieutenant principal en la sénéchaussée de Nîmes, un appartement que le maréchal occupa durant sept mois : il en coûta 1,200 livres de loyer ; quant à l'intendant, il fut logé pendant six mois chez messire François de Georges, baron de Lédenon, qui, pour prix de ce local et de son accommodement, exigea 600 livres. Fort embarrassée dans ses finances, la ville dut s'enquérir d'un prêteur et le trouva à Sommières. Ce fut le curé Terrien ; celui-ci ajouta même aux 1,800 fr. susdits une troisième somme de 200 livres dont la ville avait également besoin pour solder un autre de ses créanciers. L'acte d'obligation fut passé le 17 mars 1705 devant le greffier, secrétaire et garde des archives de la ville de Nîmes, en présence des Consuls, des trois créanciers et du curé Terrien qui leur fut substitué. — Quelques années après, les commissaires de la Province réduisirent le capital de cette dette de la ville de Nîmes envers l'Hôpital de Sommières à la somme de 1,480 livres et convertirent en 2 °/₀ l'intérêt qui était primitivement de 5 %. Bel exemple d'une conversion arbitraire et sans frein !

— David Boissier, propriétaire de trois parcelles de terre, avait l'intention de les donner aux pauvres ; mais les édits contre les biens de main-morte s'opposaient à ce genre de donation. M. de Saint-Amant de Moissac, alors Trésorier de l'Hôpital, ne se fit point scrupule de recevoir celle-ci en son nom personnel, devant M⁰ Chrestien, le 29 décembre 1717, tandis qu'au moyen d'une contre-lettre il faisait aussitôt connaître la vraie destination des biens ainsi donnés. — La contre-lettre n'est plus autorisée par nos codes.

— Le 30 novembre 1719, demoiselle Roger, veuve Delon, lègue à l'Hôpital 600 livres au moment même de la vente qu'elle vient de faire de sa maison au comte d'Harling, gouverneur de la ville. Acte reçu Rivière.

— M. de Bonnefon de Foix, mort en 1724, a légué 1,000 livres à l'Hôpital. — Pour s'acquitter envers les pauvres, Marie Henriette de Foix, fille du donateur et de Jeanne de Nogarède, épouse du sire de Masselin, leur cède, par acte reçu M⁰ Tricou, le 27 janvier 1730, une créance de même somme qu'elle avait sur la province. L'intérêt 5 % que rapportait ce titre fut plus tard converti en 3 %.

— M. de St-Amant de Moissac, cité plus haut, mourut le 31 juillet 1727, léguant aux pauvres 2,000 fr. à prendre sur ce que lui doit la commune de Sommières : l'administration hospitalière décide que cette somme restera placée comme elle l'est, à charge par la commune d'en compter l'intérêt à 4 %.

— Par délibération du mois de mars 1737, le Bureau des pauvres accepte une obligation à 5 % que lui propose Madame Anne Tourras, veuve Pierre de Garonne, en paiement du legs de 200 livres fait à l'Hôpital par dame Marguerite Vène, épouse de

M. de Lavalette, ancien major à Besançon, en retraite à Sommières.

— En mai 1737, un anonyme donne 50 livres pour acheter un calice destiné à la chapelle.

— En son dernier testament daté de 1738, le marquis de Montlaur s'exprime ainsi : « Je donne à l'Hôpital » de Sommières, en cas que je vienne à décéder dans » ladite ville, la somme de 300 livres payable dans » l'année de mon décès, et, en cas que je vienne à » décéder en quelque autre lieu et que j'y sois enseveli, » je donne et lègue à l'Hôpital du lieu où je serai » inhumé, ou au plus prochain du dit lieu en cas qu'il » n'y en eût point, la somme de 150 livres tant » seulement, et les autres 150 livres à l'Hôpital de » Sommières. » Or le marquis de Montlaur décéda et fut inhumé à St-Sériès, exactement à égale distance de Lunel et de Sommières.

Un conflit s'éleva naturellement entre les deux villes. On aurait peut-être plaidé sans l'intervention de la marquise de Montlaur qui, en 1749, voulut bien compter à l'Hôpital de Sommières l'intégralité de la somme léguée, plus celle de 1,800 livres que le marquis avait ajoutée plus tard dans un codicile en faveur de notre Hôpital : mais elle mit pour condition à ce double paiement que si Lunel persistait dans ses prétentions, la maison de Sommières serait tenue de restituer la moitié de la somme en litige. — Devant le fait accompli, Lunel n'insista plus.

— Un sieur Jacques Veyssières, bourgeois, donna 2,000 livres aux pauvres, en 1740.

— Dame Françoise Garimon, épouse Dumas, avocat aux Vans, avait légué à sa tante Marie Garimon, femme de François Berchambel, la moitié de son héritage et fait don de l'autre moitié aux pauvres, mais à charge pour ceux-ci de payer aux Cordeliers de

Sommières, aux R. P. Carmes et aux Récollets de Nîmes, une rente annuelle de 10 livres pour chacun de ces trois établissements religieux. L'héritage produisit 3,286 livres, composées d'une créance sur une demoiselle Touzellier et d'une maison située à Sommières, dans la rue Droite, qui fut vendue au prix de 2,800 livres le 17 mars 1748, à maître Collet, apothicaire. La moitié de la succession représentait donc 1,643 livres.

— Marie Garimon Berchambet abandonna sa part en faveur des pauvres, contre la somme de 800 livres seulement ; puis, l'Hôpital s'étant libéré envers les trois établissements religieux, il resta net aux pauvres de Sommières 2,186 livres.

— Jeanne Mathieu, veuve et héritière de Fulcrand Fajon, tondeur de draps à Villevieille, donne de son vivant (1763) une créance de 1.050 livres due à feu son mari par André Dellort de Gaverne, en se réservant la jouissance. Mais à la suite du mauvais état des affaires du débiteur, une moitié de la créance fut perdue pour l'Hôpital.

— M. Aubanel, en 1766, verse à la caisse des pauvres un legs de 249 livres fait à leur profit par un anonyme de Genève.

— Le 10 février de la même année, dame Marie Roussel, veuve de sire Marc-Antoine de Garand de Vieillevigne, seigneur de Montastruc, donne à l'Hôpital une somme de 2,000 livres dont le revenu sera, dit-elle, consacré alternativement à doter une pauvre fille et à tenir en apprentissage un garçon pauvre. Cette prescription ne fut pas toujours exactement suivie.

— Le 1er octobre 1764, devant Mr Niel, notaire à Fontanès, donation est faite par François-Joseph-Raymond-Hermengilde-Amalric de Narbonne-Pellet, vicomte de Narbonne, lieutenant général des armées du Roi, gouverneur des ville et château de Sommières, et par son frère Pierre de Montolieu, prévot et chanoine en l'église cathédrale d'Alais, d'une somme de 1,000 l. qu'Antoine Viger devait à feu leur frère Gaspard Ignace de Narbonne-Pellet, chevalier de Narbonne, décédé en 1760.

— Le 15 mai 1768, Jacques Mourgues, que nous avons déja connu comme Trésorier de l'Hôpital, fit au bureau des pauvres une proposition avantageuse : il lui cédait plusieurs créances s'élevant ensemble à la somme de 5,355 livres, mais à la charge par lui d'en opérer le recouvrement et de servir à deux de ses vieux parents de Vauvert. M. et Melle Bruguier, une rente viagère de 400 livres. Le Bureau aurait accepté, mais le Roi lui en refusa l'autorisation parceque « plusieurs des créances » entrant dans cette donation sont d'une nature que les » gens de main-morte ne peuvent jouir, suivant l'édit de 1749 ». — Alors M. Mourgues offrit simultanément de diminuer de 100 livres la rente à servir aux vieux Bruguier et d'élever à 6,000 livres le montant de sa donation aux pauvres, en y comprenant la valeur d'une terre sise au quartier de Mauvalat. L'autorisation royale était encore nécessaire ; elle fut accordée, mais l'affaire ne se termina qu'en 1782.

— M. Franc aîné, habitant de Sommières, a légué, le 4 octobre 1773, mille livres aux [pauvres. Son légataire universel, M. Serres, de Montpellier, offre de les payer avec 747 livres en espèces et 253 livres en un billet dû au défunt par Thomas Bruguière, chirugien, bien que, dit-il, les autres legs de Franc aîné soient si considérables, que les biens de sa succession seront insuffisants à les acquitter. — Le Bureau s'empressa d'accepter.

— Louis Martial Persin, ancien receveur des tailles à Viviers, et, depuis 1755, Trésorier-Syndic de l'Hôpital, lui légua 4,000 livres que ses héritiers ne se trouvèrent en mesure de payer qu'en novembre 1774.

— Par testament du 20 février 1777 reçu Poujol, Etienne Rampvier, curé de St-Amant, lègue à l'Hôpital 3,000 livres payables après le décès de sa sœur qui devra loger à l'Hôpital. Elle y mourut en effet.

— Le Bureau, réuni le 9 janvier 1779, accepte un don de 3,000 livres que lui envoie l'évèque de Nimes, et décide que six de ses membres iront porter solennellement à Monseigneur le témoignage de leur reconnaissance (1).

— Anne Panetier de Montgremier, veuve de François Gabriel Daudewen, brigadier des armées du Roi, mourut à Sommières le 17 août 1780, laissant aux pauvres un legs de 4,000 livres. Son héritier, Jean Arnaud de Panetier de Montgremier, officier de cavalerie, baron de Montastruc, propose de se libérer au moyen de la cession d'une créance qu'il possède sur la province de Languedoc. Ce titre, au capital de 8,000 livres, rapporte 400 livres de rente ; et comme le legs de sa tante à l'Hôpital n'en comporte que 200. le Bureau devra payer au baron de Montastruc la différence. — Le Bureau, à ce moment largement pourvu par les donations précédentes, profita de cette heureuse situation pour acquérir un titre qui constituait pour lui un placement des plus sûrs. La convention fut signée et exécutée devant Me Niel. le 24 avril 1781.

— L'année suivante, ce titre de l'Hôpital sur la Province se trouva presque doublé, à peu près dans les mêmes circonstances : M. Augustin-Charles-Louis Le Blanc, seigneur de St-Clément, devait aux pauvres : 1° en qualité de donataire universel de feue Marie de Bonnafen de Foix, son aïeule, veuve de François

____

(1) Aussi charitable que tolérant, Charles Prudent de Beedelièvre, évèque de Nimes (1737 à 1784) était parvenu durant son long épiscopat à faire l'apaisement religieux dans tout son diocèse, malgré les remontrances de ses collègues et les plaintes amères que l'intolérant évèque de St-Pons exposait longuement au Roi dans un mémoire daté de 1763.

Le Blanc, lieutenant-colonel de dragons, une rente de 185 livres et, 2°, comme héritier de Louis-Henry Le Blanc, son père, lieutenant-colonel d'infanterie, une autre rente de 100 livres qui avait été donnée aux pauvres devant M° Puech, le 21 février 1766, par son oncle Augustin Le Blanc. La dette du seigneur de St-Clément, héritier de ces deux testateurs, s'élevait donc à 285 livres de rente ; il devait en outre trois années d'arrérages qu'il avait négligé de servir. — Pressé de se libérer, M. Louis Le Blanc finit par céder à l'Hôpital, contre une soulte de 822 livres, un titre de rente de 366 livres, au capital de 7,320 livres, sur la Province (4 avril 1782).

— Le 13 septembre de la même année, Anne de Clary, veuve Jean Bresson, négociant à Sommières, lègue à l'Hôpital 6,000 livres, en diverses créances qu'elle a sur particuliers. Quoique ce genre de donation fut contraire à l'édit de 1749, et par conséquent caduc, le neveu de la veuve Bresson, Jacques de Clary, ancien capitaine d'infanterie, tint à réaliser l'intention pieuse de sa tante et offrit à l'Hôpital une créance de 350 l. de rentes que *René-Jean-Gabriel de Coste,* prévôt général de la maréchaussée de Languedoc, devait à feu Jean Bresson suivant acte d'obligation reçu M° Vézian, notaire à Montpellier, le 25 février 1762. Mais comme cette créance au capital de 7,000 livres excédait de 1,000 livres ce qui était dû aux pauvres, l'Hôpital devait rembourser cette différence au sieur Jacques de Clary. — La convention fut exécutée devant M° Duranc, notaire à Sommières, le 20 septembre 1784. — Ce fut une triste affaire pour l'Hôpital, et nous pouvons dire tout de suite les soucis et les peines qu'elle valut pendant plus de cinquante ans à ses Administrateurs.

Et d'abord, les arrérages restèrent impayés durant douze années : le débiteur Gabriel de Coste, à la

Révolution ayant émigré, était mort à l'étranger. Sa veuve et héritière, Jeanne Gabrielle de Montglas, substituée aux obligations de son mari, se montra très dure envers les pauvres : sommée de s'acquitter, elle prétexta, pour diminuer le total de sa dette, que les intérêts courus pendant les années de la Révolution avaient été payables en assignats et devaient par conséquent aujourd'hui subir une réduction proportionnelle. On lui fit cette concession, puis tout l'arriéré fut liquidé à 3,284 fr. que Mme de Coste s'obligea de payer par annuités et en cinq années. Elle apporta beaucoup de mollesse à sa libération : En 1809, une partie de cette somme et les intérêts courants étaient encore dûs. Pour la contraindre à solder le premier règlement, il fut nécessaire de prendre jugement contre elle. C'est alors seulement que nos Administrateurs, conseillés un peu tard par un jeune avocat de Sommières, M. Viger, futur Premier Président à la Cour de Montpellier, songèrent à prendre hypothèque sur les biens de la succession de Coste, et entre autres sur le *Mas Rouge*, près de Sommières. Mais Mme de Coste s'était montrée fort habile : elle avait d'abord donné à des tiers plusieurs hypothèques sur tous ses biens, puis avait vendu le domaine du *Mas Rouge* à sa fille. Celle-ci le revendit le 4 octobre 1817 à Brigite Delfioch, femme Aigoin, ancien maire de Ganges, au prix de 55,000 fr. Les hypothèques frauduleusement consenties par Mme de Coste en absorbèrent le montant qui fut ainsi perdu pour les vrais créanciers; les autres biens de la succession avaient été clandestinement vendus à vil prix. Il restait pourtant une maison à Montpellier. On se hâta de transférer sur cet immeuble l'hypothèque des pauvres. Le Préfet du Gard, jusque là sympathique aux dames de Coste, qui l'imploraient sans cesse contre l'active poursuite des Administrateurs de Sommières, enfin persuadé que l'Hôpital était cruellement dupé, ordonna contre elles des poursuites rigoureuses. Mme de Coste était morte depuis peu; ses filles lui succédaient dignement dans cette lutte : tous les moyens leur furent bons pour esquiver la dette; forcées dans leurs retranchements, elles invoquèrent devant le Tribunal de Montpellier la qualité d'héritières bénéficiaires dans la succession de leur mère; le Tribunal les déboute (12 mai 1828); elles relevèrent appel et la Cour leur donna gain de cause tandis qu'elle condamnait l'Hôpital à tous les frais, un millier de francs environ. Cette situation se prolongea jusques en 1838. Enfin la maison de Montpellier fut vendue et l'Hôpital colloqué pour son entier capital, soit pour 7,000 livres. Il ne les toucha qu'en 1841, mais les intérêts et tous les frais exposés depuis 30 ans pour sauver cette créance furent perdus pour les pauvres.

Le 15 décembre 1783, la dame Martin, veuve du sieur Marcou, négociant à Sommières, ancien Administrateur de l'Hôpital, acquitte de son vivant, mais à charge d'une pension viagère de 600 francs en sa faveur, un legs de 12.000 livres, que feu son mari avait fait aux pauvres, payable après le décès de sa veuve; et ajoute de son propre mouvement à la libéralité de son mari une somme de 1.200 livres. — Les portraits de ces deux bienfaiteurs sont conservés à l'Hospice.

Le dernier legs notable fait avant la Révolution, le fut par Jacques Daraussin, ancien Directeur des pauvres, qui disposa en leur faveur d'une rente de 215 l. 2 s. 6 d. au capital de 4,312 l. 10 s.

Telles sont les principales donations qui, dans le cours du XVIIIe siècle, entretinrent la fortune de notre modeste Maison hospitalière. Mais elles ne doivent pas nous faire oublier la foule de petits dons, témoignages d'une égale sympathie accordée aux pauvres par les classes les plus humbles de la population Sommiéroise. Il est vrai que par leur humilité même, beaucoup échappaient à l'attention des Administrateurs chargés de leur recouvrement, quelquefois même à leur connaissance.

Comme pour les censives, un expert recevait parfois la mission spéciale d'en opérer la recherche dans les testaments notariés. C'est ainsi qu'en 1660, Jean Persin, notaire, avait été chargé par les Consuls d'exhumer de ses archives les legs faits aux pauvres depuis 30 ans, et que, l'année suivante, le notaire Vitalis est investi du droit de faire pareilles fouilles chez tous les notaires, avec la promesse de 5 sous par legs qu'il fera rentrer ; — En 1745, un nommé Joubert fut chargé encore du même soin, et ses perquisitions ne restèrent pas infructueuses : il mit au jour 261 legs notariés, encore recouvrables et formant ensemble une valeur totale de 1.164 l. 5 s. , ce qui porterait la moyenne de chacun de ces legs à 4 livres et demie ; — il en découvrit pour une somme de 266 livres provenant de 36 donateurs morts de 1700 à 1730, et restant dès lors sans espoir de recouvrement puisque la prescription était acquise à leurs héritiers : il en réclama 23 s'élevant ensemble à 152 livres, pour lesquels les débiteurs exhibèrent leurs quittances ; enfin il en constata 62 faits par des personnes encore en vie et pour une valeur de 1,526 livres.

C'était donc un nombre total de 380 legs au profit des pauvres dans l'espace d'un demi-siècle à peine.

§ 3. Droit de Coupe; Don de joyeux Avènement des Consuls; Denier a Dieu du fermier de la boucherie; Amendes; Manteaux funèbres; Bénéfice de St-Amant; Quêtes. — Aux censives, aux donations testamentaires ou entre vifs, base première des moyens d'existence de l'Hôpital, sont venus de tout temps s'ajouter quelques revenus secondaires, dont l'histoire parfois ne manque pas d'un certain intérêt.

Droit de Coupe. — L'un des plus anciens revenus de l'Hôpital, et non des moindres, provenait du très ancien droit qu'avait cet établissement de prélever une émine de blé (environ 20 litres de notre mesure moderne) sur le produit que rapportait au seigneur de Sommières la *leude* (1) imposée à tous les grains vendus le samedi qui était, alors comme aujourd'hui, jour de marché à Sommières. En outre, l'Hôpital avait droit au produit tout entier de cet impôt féodal un jour par an, le samedi précédant la fête de Notre-Dame de février.

Cet antique usage remontait, paraît-il, à Bernard d'Anduze (1183) (2). Le droit de *leude* était acquitté au moyen du prélèvement, sur chaque sétier de blé vendu, « d'une coupe ajustée avec la main », c'est-à-dire la contenance d'une double poignée de grains dans les deux mains réunies en creux ou en coupe (3) : ce droit était accordé aux Consuls par le prince en considération du commerce et sous la charge d'entretenir les chemins, ponts et chaussées.

Le Samedi, 1er février 1475, le Recteur de l'Hôpital, Jacques Morellet, assigne Bertrand Estève, fermier du droit de leude, en paiement de 5 émines de blé qu'il

---

(1) *Leude*, droit de péage à l'entrée de certaines villes du Languedoc.

(2) Pareil droit avait été accordé à l'Hôpital d'Aiguesmortes par le roi Charles V, en février 1372.

(3) *Arch. de l'Hôpital.* — 1er novembre 1535 : Aiso es la forme de leva la lieude menude del cartel de Soumeire : Aquel que ven blad en Soumeire donne une coupe ajustade ambe la man d'an sétier, de l'émine miège coupe, del cartel se ven à verses personnas non donne ren, mai se vend doux ou tres à un homme pague lieude.

Item. Se al Bourguet vendon eyvade ou ordy à cartel a un hoste à doux ou tres non donnen ren de lieude.

Item. Tout homme qua houstal din Soumeire non pague ren lou dissate.

n'a pas versées à l'Hôpital depuis cinq semaines, et obtient gain de cause.

Jusques en 1628, le droit fut à peu près régulièrement perçu par l'Hôpital soit en nature, soit le plus souvent en espèces que payaient le fermier, appelé le *coupaire* ou le *coupézaire*. Il constituait un revenu annuel d'une moyenne de 150 livres.

Puis il tomba en désuétude et, dans les ventes ou affermages qui furent faits du droit de coupe, il ne fut plus question de réserves en faveur des pauvres.

En vain les Consuls réclamèrent-ils, en 1733, le retour à l'ancienne coutume : M. de Villevielle qui, par acquisitions successives, était devenu le seul titulaire de ce droit, résista devant les juges et l'Hôpital fut débouté.

Cette querelle recommença lorsque, le 6 juin 1772, le Roi eut cédé à Louis Charles de Bourbon, comte d'Eu, en échange de la principauté des Dombes, le domaine et la seigneurie de Sommières et la baronnie de Montredon. Peu après, le comte d'Eu lui même avait vendu cette seigneurie à M. de Montglas, président de la Cour des Aides de Montpellier. Désireux de retirer de son domaine tout le parti possible, le nouveau seigneur fit signifier, le 5 mai 1774, au Trésorier des pauvres un jugement rendu par les Commissaires de la Cour des Comptes à Paris portant, entre autres dispositons, que tout corps ou communautés prétendant droit de fief. aumônes, censives ou usages sur le domaine des seigneurs de Sommières et de Montredon, seront tenus de représenter leurs titres sous peine de déchéance.

C'était demander à peu près l'impossible. Les Administrateurs de l'Hôpital se présentèrent le 24 mai 1774 devant le Commissaire, député par M. de Montglas. dans la maison Leblanc, en présence du sieur Perrier, mandataire de M. de Montglas, et se bornèrent à énumérer tous les biens dont ils jouissaient de temps immémorial, comprenant dans cette énumération le vieux droit de coupe dont ils espéraient, en cette occurrence, récupérer la possession.

Mais le sieur Perrier exigeait des preuves. La bonne ville de Sommières ayant, elle aussi, à se défendre contre la rapacité des agents de M. de Montglas, l'Hôpital joignit ses protestations aux siennes ; l'une et l'autre furent assignés à comparaître devant la Chambre du Conseil, à Paris, le 24 avril 1775 ; mais, sept ans après, les différents n'étaient pas encore tranchés lorsque M. de Montglas, las de cette lutte, vendit à son tour la seigneurie de Sommières au comte de Joubert, trésorier général des Etats de Languedoc. Nous verrons plus loin que l'Hôpital n'eut d'abord qu'à se féliciter de ce changement de maître, mais l'émine de blé sur la coupe du samedi ne fut plus jamais perçue depuis 1628. Cet usage avait périclité, comme plusieurs de ceux dont nous allons parler.

Consuls ; leur Don de joyeux avènement. — Jadis, tout Consul nommé pour la première fois payait, comme don de joyeux avènement, cinq sols au profit de l'Hôpital. Les commencements du XVIIᵉ siècle virent s'éteindre la coutume de cet impôt volontaire, malgré les instances du Syndic des pauvres et son appel au Conseil du Roy.

Denier à Dieu du fermier de la boucherie. — Les Consuls avaient, semble-t-il d'autant plus mauvaise grâce à refuser cette faible aumône, qu'ils recevaient, de la part du fermier de la boucherie, un repas de corps auquel assistaient aussi Messieurs du Conseil de Ville. Pourtant, le 20 décembre 1753, on jugea plus convenable de donner aux pauvres le prix de ce dîner traditionnel, dont le prix fut évalué à 72 livres. Le fermier de cette époque, un sieur Ollivier, s'acquitta très volontiers auprès du Trésorier de l'Hôpital, et, désormais, la substitution des pauvres aux Consuls et à leurs Conseillers, dans l'attribution de cette espèce de denier à Dieu, devint la règle. Cependant, nous trouvons, en 1771, le Directeur de l'Hôpital dans l'obligation de sommer Claude Boisson, alors fermier de la boucherie, d'avoir à payer les 72 livres qu'il avait, l'année précédente, promis de donner aux pauvres.

Amende. — Pendant plusieurs siècles la ville de Sommières a dû une certaine célébrité à son excellente fabrication des *Molletons de laine*, qu'on appelait aussi *Finettes* ou *Drapades fines* et quelquefois *Cadix*. C'était une étoffe de laine à longs poils, en général de couleur marron, qui servait à la confection des vêtements d'hommes et que les femmes utilisaient aussi pour jupes de dessous.

Afin de soutenir la bonne renommée de ce genre d'étoffes et d'en conserver la spécialité à la ville de Sommières, cette fabrication était soumise à une rigoureuse surveillance. Le roi Charles V, par l'intermédiaire d'un commissaire, en avait déterminé la réglementation (1365). Mais les abus sont de tous les temps et toujours inévitables : un siècle après, ils devinrent tels que, pour y remédier, une nouvelle intervention de l'autorité royale fut nécessaire. Louis XI dut resserrer cette surveillance : les Consuls reçurent le pouvoir de désigner tous les ans deux hommes spéciaux pour la vérification des draps « desquels, s'ils ne sont » pas trouvés bons et marchands, ils pourront couper le » premier chef, et à ceux qui seront trouvés bons ils » mettront deux sceaux de plomb, l'un aux armes du Roy, l'autre à celles de la ville. (1) » Ces deux agents

____

(1) E. Boisson, *De la ville de Sommières*, p. 152.

portaient le titre de *Jurés-Gardes du corps des fabricants de finettes de la Jurande de Sommières*. Impitoyablement, ils coupaient en trois parts les pièces reconnues défectueuses ; le délinquant, à qui elles étaient rendues, payait une amende dont les deux tiers étaient attribués aux pauvres, et le tiers restant au Syndic du corps des fabricants pour servir à certaines dépenses et principalement aux frais de poursuites contre les vols commis au préjudice des manufacturiers par leurs ouvriers.

Les amendes variaient de 3 à 10 livres ; elles atteignaient souvent 12, quelquefois 24 et même 50 livres. La plupart étaient infligées à des fabricants étrangers à la ville, à ceux de Calvisson, d'Aubais, d'Aujargues, d'Aiguesvives, d'Aspères et même de Quissac.

Pendant le syndicat d'Etienne Penchinat et celui de François Berchambet, du 12 février 1746 au 12 août 1751, c'est-à-dire en cinq années, le produit des amendes s'éleva au chiffre de 1,131 l. 8 s., dont les deux tiers revenant à l'Hôpital formaient la somme de 754 l. 5 s. 4 d.. Lorsque F. Berchambet mourut, il était encore débiteur de la part d'amendes qu'il avait perçues mais qu'il avait négligé de remettre aux pauvres. Ses affaires étant en mauvais état, il fallut intenter à ses successeurs une action judiciaire. Une transaction s'ensuivit qui arrêta à 500 livres la somme due à l'Hôpital. Mais au bout de quatre ans, le fils Berchambet n'avait encore payé ni capital, ni intérêts. On dut lui faire grâce de ces derniers ; quant au capital, il fallut en proroger le paiement et le diviser en cinq années, mais à condition qu'un cinquième en serait compté tous les ans. Ce règlement traîna longtemps et l'on eut grand peine à sauver la créance.

Même fait se reproduisit quelques années après. Le 16 juillet 1757, à la requête de Martial Persin, trésorier des pauvres, une ordonnance fut rendue par F.-J.

Raimond, vicomte de Narbonne, capitaine-gouverneur et viguier de la ville et du château de Sommières, contraignant le Syndic de payer à l'Hôpital le montant des deux tiers des amendes prononcées contre divers fabricants de molletons depuis quinze ou dix-huit ans, et s'élevant à 919 l. 2 s. 2 d..

Quand la pièce d'étoffe défectueuse était saisie, le délinquant ne payait pas l'amende, mais la confiscation profitait à l'Hôpital.

Le 28 décembre 1729, trois pièces confisquées étaient destinées par le Bureau des pauvres à confectionner trois tours de lit pour l'Hôpital, quand un Conseiller, au nom de l'Hôtel-de-Ville, fit opposition à leur délivrance tant que l'Hôpital n'aurait pas déclaré se charger des frais de perfectionnement et de teinture.

Mais là n'était pas la seule source d'amendes imposées au profit de l'Hôpital : les marchandises avariées, les poissons passés et saisis sur le marché donnaient lieu à l'application de diverses amendes, de même que toute contravention aux coutumes.

Dans le but de faciliter aux agriculteurs de Sommières le paiement des impôts, il était interdit de faire entrer en ville aucun vin étranger au territoire, tant que, chez quelqu'un des propriétaires de Sommières il restait encore du vin à vendre. Néanmoins, il était permis, moyennant autorisation du juge, aux personnes qui ne récoltaient pas de vin, d'aller faire leur provision au dehors et de l'entrer en ville. C'était là un des privilèges de notre cité, et c'est ainsi qu'on entendait alors le protectionnisme. Quant au vin recueilli sur territoire voisin par les propriétaires Sommiérois, il ne pouvait entrer qu'après vérification des Consuls prévenus à l'avance. Les vins entrés en fraude étaient confisqués, et le fraudeur puni d'une amende de 50 livres, au profit des pauvres.

— Si la liberté du commerce était ainsi entravée, tout le monde sait que la liberté de conscience était plus qu'enchaînée : les amendes n'étaient contre elle qu'un procédé de faveur auprès des autres peines.

Le 29 août 1712, le curé dénonce plusieurs nouveaux catholiques, Jean Sabatier, Jean Croye le cadet, Jean Cabane, Jean Couleron dit *le mitron*, Jean Vassas, Henry Paladan, boulanger, David Capion et Mathieu Dupuy, fils du ballonnier, pour avoir joué au ballon le 15 août, fête de l'Assomption, de 8 à 9 heures du matin, malgré une admonestation que leur avait adressée le vicaire en passant ; ils avaient eu l'audace de reprendre encore leur partie le même jour, « pendant qu'on » chantait vêpre et qu'on fesait la procession solennelle » pour le vœu du Roy ».

Le maire, M. de St-Amant de Moissac, fit venir en plein Conseil les accusés, qui s'excusèrent en disant qu'ils avaient cessé de jouer pendant la célébration des divins offices et pendant la procession, « offrant de le prouver par témoins dignes de foi ». Sur quoi le Conseil renvoya l'affaire jusqu'après enquête. Ceux-là échappèrent à l'amende,

Mais un maçon, Dominique Moulherac, ne s'en tira pas à aussi bon compte : également accusé par le curé d'avoir travaillé ce même jour avec onze autres personnes, il fut aussi appelé à s'expliquer devant le Conseil. Le maçon dit qu'en effet il avait travaillé le 15 août, mais que c'était à une réparation urgente : un des glacis du château, qui soutient un terre-plein de quatre toises de hauteur au-dessous des embrasures des canons, menaçait de s'écrouler ; il fallait absolument le soustraire à la ruine ; seulement le pauvre maçon avouait avoir oublié d'en demander la permission à M. le curé. C'est sur cet aveu qu'il fut condamné à 60 sols d'amende (8 fr. 25 de notre monnaie). — Archives de la Mairie, *Registre des délibérations.*

— Les Dames de Miséricorde étaient chargées de distribuer aux indigents une part des amendes qui revenaient à l'Hôpital, mais dans le cas seulement où leur produit ne serait pas entièrement absorbé par une certaine charge spéciale à cet établissement : de temps immémorial, en effet, il était convenu que l'Hôpital, qui profite des aumônes, devait, en compensation, se charger de l'entretien des *enfants trouvés* ou *abandonnés*, sauf son recours contre les parents.

Et il paraîtrait, d'après ce qui suit, que les abandons n'étaient point rares au siècle de Louis XIV. Le 5 janvier 1661, à 7 heures du soir, un enfant dans un tablier est exposé près de la maison du sieur Prades, au bout du pont. On soupçonne une femme, grande, vêtue de noir, qu'on a vue portant un enfant dans les bras, mais que l'obscurité a empêché de reconnaître. Des muletiers arrivant de Montpellier sont interrogés et déclarent avoir en effet rencontré sur leur route, près de Boisseron, une femme répondant à ce signalement, montée sur un cheval blanc et suivie d'un homme à pied. Aussitôt les Consuls font courir après; on découvre les fugitifs près de Restinclières, se dirigeant vers Montpellier; on les ramène. La femme, interrogée le lendemain, avoue devant le Conseil réuni, et celui-ci déclare alors qu'elle sera traduite en justice « pour » l'exemple; car il arrive *journellement* (1) de trouver

____

(1) L'emploi du terme *journellement* paraît ici une exagération. Il n'est pas moins certain, d'après une statistique comparative dressée durant ces dernières années par la ville de Paris, que la moralité publique était alors d'un niveau inférieur à ce qu'il est de nos jours : du moment où, sur les appels de St-Vincent-de-Paule, furent ouvertes les premières maisons d'enfants trouvés, en 1610, sous Louis XIV, la progression de ces abandons ne s'est point arrêtée à Paris; elle atteignait son apogée à la fin du règne de Louis XV. Les abandons, à cette époque, étaient supérieurs d'un tiers environ (0,815 en 1774 et dépassant même 7,000 une autre année), à ce qu'ils sont en 1896 (4,578), tandis que la population de la capitale se chiffre par des nombres inverses. Actuellement, le mot *journellement,* à propos de ce genre d'abandons, ne doit s'ap-

» des enfants exposés, que l'Hôpital est obligé de
» recueillir, ce qui lui cause de grands frais. »

Cependant, pris individuellement, chacun de ces
petits malheureux ne coûtait pas de grosses sommes ;
en 1630, on paie 7 livres par mois pour la nourriture
d'une fille bâtarde apportée à l'Hôpital et placée à
Aspères ; en 1631, à peu près même prix pour un
garçon placé à Gaillan, etc...; le 6 janvier 1669, les
sieurs Aubanel, marchands, présentent à l'Hôpital une
note de *vêtements pour bâtards*.

Nous voyons encore, le 19 janvier 1730, l'Hôpital
recueillir et placer à Cannes, près Quissac, un petit
bâtard que la mère, indigente, ne pouvait élever et
que le père refusait de reconnaître.

Par une logique extension de sa sollicitude, l'Hôpital
prenait soin des enfants de parents trop pauvres pour
les nourrir, ou des petits orphelins privés de leur mère.
En 1660, Jean Bouy, cordier, pauvre et depuis
longtemps malade, demande qu'on paie pour lui pendant
quelques mois la nourrice de son plus jeune enfant ;
pendant les années de 1721 à 1725, l'enfant d'Antoine
Baudran est mis en pension dans les Cévennes, au
village de Concoules, pays frais et boisé, chez une
femme qui se charge de le nourrir à raison de 3 livres
par mois (8 fr. 25 d'aujourd'hui), et qui, dès la fin de
l'année 1725, devra le rendre à Sommières ou pourra
le garder, à son choix, mais dès lors sans rétribution.

Le 10 juin 1792, les Administrateurs de l'Hôpital
sont autorisés par le Procureur-Syndic du district à
payer les premiers soins d'abord et les quatre premiers
mois de nourrice ensuite, à raison de 9 livres par mois,
pour un des deux enfants jumeaux de Joseph Lausière,
de Montmirat, dont la mère était morte en couche et .

---

pliquer qu'à certaines très grandes villes ; les petites localités
comme la nôtre en sont presque absolument indemnes.

l'autre jumeau venait de mourir au moment d'être mis en nourrice.

On voit par ces divers exemples que l'humanité de nos pères avait sû créer presque de toutes pièces la protection de l'enfance, si savamment organisée de nos jours par la *loi Roussel*.

Manteaux funèbres. — Pour donner aux funérailles plus de solennité, un aspect plus lugubre et mettre une certaine uniformité dans le deuil du cortège, peut-être aussi pour cacher, en bien des cas, quelques défauts de toilette, il était d'usage, aux XVIIe et XVIIIe siècles, de faire endosser un manteau noir aux parents et aux proches qui suivaient le convoi de l'un des leurs. Cet antique usage s'est prolongé à Sommières jusques vers 1812 ; il subsiste encore dans quelques villes du Midi.

L'Hôpital avait la fourniture des manteaux et aussi celle des draps mortuaires appelés aujourd'hui *draps d'honneur*. C'est donc à l'Hôpital qu'on venait se munir des uns et des autres à l'occasion des cérémonies funèbres dont certaine piété tenait à rehausser la pompe. Ce luxe était d'ailleurs accessible à tous : le prix de location pour chaque manteau n'était que de 2 sous, celui du drap mortuaire atteignait une livre pour la ville et doublait pour l'extérieur. C'était d'un petit revenu pour l'Hôpital, mais en fait de ressources rien n'est à négliger. Celle-ci produisait une moyenne de 40 à 50 livres par an.

L'entretien des manteaux incombait naturellement à l'Hôpital (1) qui apportait à cette dépense la plus stricte

---

(1) Dans un registre des *Arch. de la Mairie,* intitulé: *Légats et dons faits aux pauvres de la Religion réformée,* 1616-1695, on lit : Dame Pitard, veuve Favier, par testament reçu Valette en juin 1673, a légué aux pauvres 100 livres, pour les quelles on a reçu à compte 19 cannes et 14 pans (41 mètres 50 c.) serge drapade blanche qui ont été employées à confectionner six manteaux pour servir aux enterrements (après teinture en noir).

économie : un inventaire de l'année 1710 constate le mauvais état des deux draps et des huit manteaux noirs ; mais en 1723 un heureux hasard vient fournir la matière de leur renouvellement. Les Consuls avaient ordonné la confiscation de trois pièces de *finette* dont la fabrication péchait contre les règlements ; déposées à l'Hôtel-de-Ville, ces étoffes s'y seraient détériorées en pure perte puisque la vente en était interdite ; on eût l'idée de les utiliser pour la confection de huit manteaux neufs, mais « comme elles sont d'un tissu » trop faible, elles devront repasser au foulon, » ordonnèrent les Consuls.

Pareil fait, ou à peu près, se renouvelle en 1789 : draps mortuaires et manteaux sont en triste état ; pour les remplacer on utilisera, après qu'elle aura passé par les mains du teinturier, une pièce de molleton d'une fabrication imparfaite et qui provient de la manufacture même de l'Hôpital.

Le monopole de la fourniture de ces modestes pompes funèbres exercé par l'Hôpital, et que les deux cultes acceptaient d'un commun accord, fut tout à coup disputé (1809) à notre établissement charitable par les fabriciens de l'église paroissiale, qui prétendirent s'en emparer à leur profit exclusif. Vainement la Commission hospitalière, invoquant l'intérêt des pauvres et de la concorde entre les habitants, essaya-t-elle de résister ; dans ce conflit inattendu sombra la vieille et pittoresque coutume des funérailles en manteaux noirs.

Bénéfice de St-Amant. — Le prieuré de St-Amant, situé à l'issue du pont de Sommières, sur la rive droite du Vidourle, appartenait à l'abbaye de St-Gilles. Sur son bénéfice, constitué par des censives, lods, dîmes, etc..., il était annuellement prélevé, en vertu d'une très ancienne coutume qu'on appelait « *l'aumône de St-Amant,* » une émine de *blé mescle* (environ

20 litres de froment mélangé de seigle), au profit des pauvres de Sommières.

Le Prieur, d'ordinaire, affermait son bénéfice, dont la valeur locative allait jusques à 300 et 400 livres (1).

On ne nous dit pas sous quel prétexte le sieur Genclair, fermier en l'année 1631, refusa de payer, même après sommation judiciaire, une somme de 100 livres à laquelle avait été évalué le total de ce qui était dû aux pauvres, depuis un assez grand nombre d'années. Peut-être trouvait-il la demande exagérée. peut-être n'en était-il pas le seul débiteur (2). Quoi qu'il en soit, une ordonnance rendue par le juge à l'occasion de « l'abandon de cette vieille coutume » vint autoriser la contrainte, et, le 20 décembre 1631, un huissier, sur le refus réitéré de Genclair, se transportait au moulin où se fabriquait l'huile, produit par la dîme sur les olives, et en saisissait entre les mains du *maître-maje* une quantité suffisante pour représenter les 100 livres de l'aumône en retard.

---

(1) Ménard, *Hist. de la ville de Nîmes*, t. v, *preuves*, p. 5 et 6.

(2) Quelques années avant, le 26 mai 1622, le duc de Rohan, « chef et général des Eglises réformées de France et provinces de » Languedoc et H^{te}-Guienne, gouverneur de la ville et ressort de » Montpellier » avait déclaré que « les ennemis de l'Etat et du » repos public continuant de persécuter plus que jamais ceux des » Eglises réformées de ce royaume, à quoi désirant s'opposer » comme il l'a déjà fait, pour les maintenir dans les édicts qui leur » ont été accordés, il a été contraint de mettre sur pied bon » nombre de gens de guerre pour l'entretènement desquels il a » épuisé les plus clairs deniers de la Province et que, comme il ne » reste plus que les revenus des dîmes, bénéfices et biens ecclé- » siastiques, il ordonne, en conséquence des délibérations de » l'Assemblée générale tenue à La Rochelle, de les mettre en » adjudication pour l'année présente, après affiches et placards » posés aux villes et lieux du colloque de Nîmes. » En vertu de cette ordonnance, le bénéfice de St-Amant fut adjugé au sieur Philip, premier consul de la ville de Sommières, moyennant la somme de 330 livres dont la moitié fut versée de suite à la caisse du Receveur général et Trésorier extraordinaire des guerres, le sieur Jacques du Roure, et l'autre moitié devait l'être au jour de la fête de St-Michel (30 septembre 1622). — Cette adjudication eut lieu à Nîmes.

Quêtes. — La veille des deux grandes foires qui se tiennent annuellement à Sommières, une quête au profit des pauvres était faite en ville par les Dames de Miséricorde. Leur produit n'était pas gros : il variait entre 10 et 20 livres. — Cette coutume s'est transformée de nos jours en un prélèvement sur les jeux publics, et le produit reste sensiblement le même.

Dans certains cas extraordinaires, besoins urgents, calamités publiques, on quêtait également. Le 28 août 1720, par exemple, en prévision de la peste, qui sévissait en Provence et menaçait le Languedoc, une collecte produisit le magnifique total de 1,560 livres, malheureusement presque tout composé de billets de la fameuse banque de Law, maigre valeur dont on commençait à se débarrasser avec empressement. On sait en effet que le financier Law avait obtenu du Régent l'autorisation d'ouvrir une banque d'escompte et de créer, parallèlement, une compagnie à laquelle était concédé le privilège exclusif du commerce avec le Missipi, les Indes, etc... Cette banque inonda la France d'une foule d'actions et de billets, qui, à l'émission, atteignirent jusques à quarante fois leur valeur, mais qui, brusquement aussi, comme il était à prévoir, tombèrent en défaveur avec la perte des illusions qu'avait fait naître le système du trop célèbre écossais.

La somme de 1,560 livres, recueillie pour secourir les futurs pestiférés de Sommières, heureusement ne trouva pas l'emploi auquel on la destinait : la ville fut préservée du terrible fléau qui dévasta Marseille. Les billets de la banque de Law négociés se réduisirent à 520 livres que les Administrateurs des pauvres remirent, en prêt, aux Consuls de Sommières. Ceux-ci en achetèrent l'office de Greffier consulaire (2 novembre 1723).

Outre ces quêtes ordinaires, *à l'époque des foires*, une fois par an, dans toute l'étendue de la paroisse, une

quête générale était autorisée « par l'Evêque de Nîmes,
» en présence de MM. les Curés, Juge, premier Consul
» et Directeur de l'Hôpital, » En 1758, elle produisit
250 l. 7 s.: elle atteignit même, une année, 530 livres.
Cet usage s'est prolongé assez longtemps encore après
la Révolution, mais dès lors sans distinction de culte
pour les quêteurs.

Enfin, le jour du Jeudi-Saint, les Dames de Miséricorde présidaient chacune au bassin destiné à recevoir
les offrandes des visiteurs à l'entrée de chaque église.
Le bassin de celle de St-Amant produisait de 6 à 7 liv.,
à peu près autant que le bassin des Cordeliers ; l'église
de St-Pons recevait de 30 à 35 livres ; les dons à la
chapelle de l'Hôpital étaient un peu plus élevés. Toutes
ces sommes se rapportaient à la caisse des pauvres. De
nos jours et depuis longtemps. sauf pour la dernière,
elles prennent une tout autre direction.

Quant aux aumônes, dans le courant du siècle dernier
leur produit annuel et moyen peut être évalué à
400 livres, et ce chiffre était quelquefois de beaucoup
dépassé : En 1748, le trésorier de l'Hôpital, Martial
Persin, lui donnait en une seule fois 500 livres ; il
recevait, la même année, d'un anonyme 200 livres,
« sous la condition que les deux frères ermites qui
» sont actuellement à Prime-Combe seront reçus à
» l'Hôpital en cas de maladie. »

Les ensevelissements dans les églises étaient fort en
usage à cette époque : ceux autorisés dans la chapelle
de l'Hôpital. quand il fut installé chez les anciens
Récollets, lui rapportaient un certain revenu.

§ 4. Manufacture de molletons. — Jusques en 1772,
la bonne ville de Sommières avait fait partie du
domaine royal ; à cette époque, elle fut cédée par le Roi
en échange de la principauté des Dombes, au comte

d'Eu, prince de Bourbon, qui, deux ans après et au grand désespoir des habitants, la vendit pour 30,000 liv. à M. de Montglas, président de la Cour des Aides, à Montpellier. (voir p. 81).

Sous ce nouveau maître, qui désirait retirer de son domaine le plus de profit possible, les exactions, les contestations, les procès surgissant à tout propos, exaspérèrent tout le monde ; si bien que M. de Montglas, fatigué de cette lutte incessante contre ses vassaux finit par céder, en 1782 et au prix de 100,000 livres, les droits qu'il tenait du comte d'Eu, à M. Philippe Laurent de Joubert, seigneur du Bosc, trésorier général des Etats de Languedoc (1).

Animé des sentiments philanthropiques mis si fort en honneur par les philosophes de la fin du XVIIIe siècle, le nouveau seigneur de Sommières, dès son avènement, se préoccupa de l'amélioration du sort de ses vassaux, et crut trouver dans l'Hôpital même une occasion d'appliquer ses généreuses théories.

La fabrication des étoffes de molleton florissait encore à Sommières. L'acquisition récente de l'ancien et vaste couvent des Récollets laissait à l'Hôpital de spacieux locaux inutiles à ses pauvres (voir ch. IV, § 1). M. de Joubert conçut le projet d'en tirer parti en y installant une manufacture. Il vint expliquer lui même à la Commission administrative de quel avantage serait pour les pauvres une pareille source de revenus, et

____

(1) Le peuple Sommiérois finit par se plaindre de M. de Joubert à peu près autant qu'il s'était déjà plaint de M. de Montglas. — M. de Joubert était né à Montpellier en 1729. Son goût prononcé pour les études historiques et la sympathie dont il entoura les Bénédictins chargés de l'Histoire du Languedoc, amenèrent entre dom Vaissette et lui une volumineuse correspondance. Egalement passionné pour les arts, M. de Joubert avait réuni dans son hôtel de la place Vendôme de riches collections. Les *Guides dans Paris* publiés à cette époque signalent l'hôtel de Joubert comme une des curiosités de la capitale.

combien avantageux aussi pour l'industrie générale de
Sommières le concours de cet établissement fournissant
de l'ouvrage à de nombreux bras sans emploi : son
imagination s'exaltant, il voyait la Maison devenir
bientôt un foyer d'instruction perfectionnée, former
d'habiles fileuses qui, rayonnant autour du centre
commun, iraient porter le progrès dans les villages du
district de sa seigneurie, donner à tous ses vassaux les
moyens d'augmenter, avec leur industrie vivifiée, le
bien-être général, l'accroissement de la population, sa
moralisation par le travail, sa confiance en l'avenir, le
respect de la propriété, l'esprit d'ordre, le repos des
familles ; il voyait, dans chacun de ses villages, une
institution, née de celle de l'Hôpital, dresser les jeunes
filles du pays, et l'Hôpital de Sommières, conservant
un droit d'inspection sur toutes ces assemblées de fileuses,
fournir la matière première à toute la contrée (1).

Le premier pas pour cette entreprise est, dit-il,
d'approprier à l'usage de la fabrique la partie des
bâtiments qui reste de surplus à l'habitation des pauvres
et des malades. Et aussitôt, il met sous les yeux du
Bureau captivé un plan qu'il a déjà fait dresser selon
l'état des lieux et les besoins de la manufacture ; ce
plan, il en prendra, dit-il, les frais d'exécution à sa
charge.

Mais l'Hôpital n'est pas riche : ses faibles revenus ne
lui permettront pas d'avancer les sommes bientôt
nécessaires à l'achat des matières à filer. Généreuse-
ment, M. de Joubert offre une avance de 12,000 livres
qui lui seront remboursées *sans intérêt* et par portions,
en six années à compter d'un an après le commencement
du travail.

Une telle perspective de profits pour les pauvres,

---

(1) Délibération du 12 octobre 1782. *Arch. de l'Hôpital.*

soutenue par les offres princières de M. de Joubert, ne pouvait qu'entraîner l'enthousiasme des membres du Bureau. « Ce bienfait, s'écrient-ils, caractérise son » auteur ! l'établissement que propose notre nouveau » seigneur réunit tous les avantages et n'est sujet à » aucun inconvénient ; il intéresse la Société tout » entière ; il mérite la reconnaissance publique ! » *(Délib. du 12 oct. 1782.)*

Le comte de Joubert, après avoir élaboré un long Règlement d'administration, aussitôt se mit à l'œuvre, procédant à la restauration et à l'organisation des bâtiments, pour en approprier l'usage à la manufacture de ses rêves. Elle occupait un rez-de-chaussée du côté nord avec le corridor et deux pièces y attenant ; au dessus, un premier étage composé de trois pièces et, encore au-dessus, un second étage consistant en deux pièces : derrière l'église, une salle où l'on tiendrait les auges (le pilage). Deux portes donnaient accès à ces constructions, l'une près la porte de l'église, sur la place du Bourguet, — l'autre sur le derrière, au nord, vis-à-vis le jardin Nicol. Il en coûta au généreux philanthrope près de 11,000 livres ; les travaux de maçonnerie, entrepris par *les frères Saussine*, s'élevaient à 6,823 liv., ceux de menuiserie, peinture, serrurerie, à 4,397 livres.

Dès le 15 mai 1783 commencèrent les achats de matière première ; le 18 août suivant, la fabrication était en train.

Le trésorier de l'Hôpital, M. Mourgues, et l'un des administrateurs, M. Daraussin, avaient ensemble fait le voyage de Sommières à Montpellier pour acheter d'énormes registres in-folio recouverts en parchemin et recevoir de M. de Joubert les 12,000 livres promises : ils y étaient allés en cabriolet à deux chevaux, avec postillon : c'est dans le même équipage que M. Antoine Devillas, contre-maître de la manufacture, et M. David

Aubanel se transportèrent à Arles, pour effectuer les premiers achats de laine.

Mais on ne tarda guère à devenir plus modestes et plus économes des deniers empruntés : pour l'achat suivant, Devillas fut expédié seul, suivi d'une bourrique portant les sâches destinées à recevoir la laine.

On avait ainsi acheté, presque d'un seul coup, pour près de 12,000 livres de marchandises ; les laines en suint, c'est-à-dire à l'état naturel, revenaient en moyenne au prix de 55 livres le quintal rendues à Sommières ; la double opération du lavage et du séchage qu'il fallait ensuite leur faire subir, faisait monter ce prix de revient jusqu'à 118 livres. On s'aperçut alors seulement que si les laines eussent été achetées toutes lavées en foire de Beaucaire, elles n'auraient pas coûté plus de 99 livres. — Nos Administrateurs, improvisés commerçants, subissaient déjà de dures écoles.

Les travaux avaient débuté avec un fonds de 32,000l. composé des 12,000 livres prêtées par M. de Joubert, et des 20,000 livres confiées au trésorier, M. Mourgues, à titre de dépôt par *l'honnête personne* dont nous avons eu à nous occuper déjà au chapitre des *Trésoriers*.

Les ventes commencèrent le 31 janvier 1784 par une livraison de 2,204 livres de marchandises ouvrées. Du mois d'août 1783 au mois d'août 1784, le mouvement des fonds, en achats, avait été, en chiffre rond, de 32,000 livres ; celui des ventes atteignait à peine 34,000 livres : maigre bénéfice d'à peine 2,000 livres, ou même perte sensible, si l'on veut bien ajouter au coût des achats la valeur des frais exposés et l'intérêt des sommes empruntées. Mais nos naïfs Administrateurs n'y regardaient pas de si près.

Au règlement suivant, sur le grand-livre de la Fabrique, article *Profits et Pertes,* nous lisons :

« à PROFITS ANNUELS, *pour ceux qu'il a plû à Dieu de*

» *nous donner pendant les deux années 1784 et 1785,*
» *1,570 l. 15 s.* » La pieuse formule employée pour
constater un si mince profit semble indiquer déjà
beaucoup de résignation de la part du Trésorier. Les
grands espoirs des premiers jours étaient loin !

Aussi, préféra-t-on bientôt à la fabrication des
molletons, la revente pure et simple des laines après
lavage : le profit en serait peut-être plus clair, ou plus
sûr. Des négociants d'Anduze, de St-Hippolyte, de
Bédarieux même venaient s'approvisionner de matières
premières à l'Hôpital. Cependant on n'osa pas encore
suspendre complètement la fabrication ; elle continuait,
mais faiblement. La Fabrique n'occupait plus que deux
pensionnaires de l'Hôpital et quelques cardeurs ; sept
ouvriers travaillaient en ville, douze dans les villages
voisins.

Cette faible population ouvrière était divisée en
batteurs et trieuses, en peigneurs ou cardeurs et fileuses,
en tisserands, en foulonniers. L'ensemble recevait une
moyenne de 1,100 à 1,200 francs de salaire par mois.
C'était encore trop pour les finances de la Manufacture.
Le tissage d'une pièce de molleton se payait de
6 à 8 livres, suivant sa finesse ; l'aune de cette étoffe
(2 mètres environ), foulée et teinte en marron, valait
de 85 sols à 3 livres, et même 3 l. 10 s.

En décembre 1785, pour faire face aux dépenses du
personnel ouvrier, le Trésorier avait encore emprunté
une somme de 8,000 livres.

Néanmoins, on allait tout de même, et c'est ainsi que
d'emprunts en emprunts on atteignit l'année 1789, où,
selon ce qu'il avait été convenu dès l'ouverture de la
fabrique, M. de Joubert devait se trouver intégralement
remboursé, par à-comptes successifs, de sa grosse
avance de 12,000 livres. Or, il n'en avait encore rien
reçu. A son premier rappel, il fut répondu par l'exposé

des difficultés présentes, par le tableau des déceptions éprouvées. Mais M. de Joubert, fort déçu lui-même du résultat de sa philantropique entreprise, et, sans doute aussi, pressé par les menaces de la Révolution prochaine, insistait d'une manière assez vive.

Pour satisfaire à ses trop justes réclamations, on se décide à lui compter en deux fois (novembre 1789 et octobre 1790) une somme de 6,000 livres, provenant. non pas des produits de la Manufacture, mais de cinq années d'arrérages d'une rente de 1,800 livres que l'Hôpital possédait sur la Province ; l'année suivante, enfin, on se libère tout à fait en mettant encore à contribution les revenus de l'Hôpital lui-même, bien plus que ceux de sa propre industrie.

Une telle situation ne pouvait se prolonger. L'Evêque de Nîmes (1) l'avait bien compris, quand, à la suite de sa visite pastorale de 1788 à Sommières, il résumait, dans une lettre aux Administrateurs, ses impressions sur la méthode vicieuse des emprunts à la caisse de l'Hôpital, et leur défendait à l'avenir ces hasardeuses spéculations dans le commerce des laines pour lequel il ne leur trouvait pas toutes les aptitudes voulues.

Nous venons de voir combien en effet l'Évêque frappait juste. Mais la nécessité avait fait négliger ses prescriptions pleines de sens, et la Manufacture courait toujours à sa perte.

Le Trésorier le sentait bien aussi et en exprimait ses doléances à M. de Joubert qui, pour le consoler, lui écrivait : « Le gain le plus important que vous avez

---

(1) Pierre-Marie-Magdeleine CORTOIS DE BALORE, successeur de Charles-Prudent DE BECDELIÈVRE, fut député aux Etats Généraux de 1789. Son biographe, Vincens Saint-Laurent, dans les *Mém. de l'Acad. du Gard*, 1812-1822, II, p. 188, dit de lui : « *Il était indulgent, équitable, trop véritablement pieux pour être* » *fanatique, pénétré enfin de cette grande vérité que la liberté de* » *conscience est de droit naturel et de droit divin.* »

» retiré de la fabrique a été de faire travailler les
» pauvres et d'obliger les fabriquants à maintenir le
» prix payé à la main-d'œuvre. » Mais un peu plus
d'observation ou de science en économie politique ont
fait comprendre au seigneur philosophe que le maintien
du taux élevé des salaires, dont il se félicitait si fort,
devenait précisément une cause principale de ruine
pour l'industrie Sommiéroise.

La spécialité de la fabrication des molletons, en effet,
s'éloignait insensiblement de notre petite ville pour se
porter vers des centres plus populeux, Bédarieux,
Mazamet surtout, où la main-d'œuvre, obtenue à bien
meilleur marché, permettait aux fabricants la vente de
leurs produits à des prix inférieurs à ceux de notre
pays. Cette industrie dès lors languissante à Sommières
s'y maintint encore durant quelques années, puis
s'éteignit tout doucement dans le premier quart du
XIX⁰ siècle (1).

Quant à l'Hôpital, il avait cessé de produire au
commencement de 1701. Son trésorier, M. Mourgues
était mort; M. Bruneton, qui lui succédait, dès sa prise
de possession avait compris, comme l'Évêque, le danger
de poursuivre une telle entreprise et l'avait démontré.

Deux années furent encore nécessaires au nouveau
Trésorier pour une liquidation définitive des comptes
arriérés. Cette opération prenait fin juste au moment
où le Conseil général de la commune de Sommières.
en vertu de sa délibération du 21 juin 1793, commettait
le citoyen Dalbenas (on n'écrivait plus d'Albenas) pour

---

(1) On lit dans les *Mém. de l'Acad. du Gard*, 1807, p. 48 : « La
» fabrique de molletons de Sommières est fort maltraitée : de
» 10,000 pièces de molleton que rendaient ses métiers elle est
» réduite à 6,000, et, au lieu de 1,500,000 francs, elle ne touche
» plus que 600,000 fr. qui se partagent entre les communes de
» Sommières et de Villevieille, où se fabriquent les premières
» qualités, et les communes de Junas, d'Aujargues et d'Aubais
» d'où viennent les secondes sortes. »

procéder à l'arrêté des comptes du citoyen Bruneton.

Le délégué de la commune saisit le grand-livre et les livres journaux de la Fabrique, constata l'honnête gestion de son Trésorier, fixa le restant en caisse, tant pour les revenus de l'Hôpital que pour ceux de la Manufacture, à la somme de 94 l. 10 s. 5 d., et donna décharge au citoyen Bruneton.

En messidor an IV (juin 1796), les meubles et ustensiles de la Manufacture, vendus aux enchères, produisirent 500 francs en assignats, témoignant ainsi par leur pauvreté même que la *spéculation commerciale* n'est pas du domaine des institutions charitables.

CHAPITRE IV

ÉTAT DE L'HÔPITAL AVANT LA RÉVOLUTION FRANÇAISE

§ 1. Ses divers emplacements. — § 2. Son mobilier. — § 3. Ses revenus au milieu du XVIIIe siècle et en 1789.

§ I. SES DIVERS EMPLACEMENTS. — Dans le principe, la confrérie vouée aux soins des malades et au soulagement des pauvres portait et distribuait ses secours à domicile : les moyens de grouper sur un même point les nombreux sujets de sa sollicitude lui manquaient encore. Elle dut en venir là cependant dès que les donations charitables des XIe et XIIe siècles lui permirent cette dépense d'établissement.

C'est *intra-muros* qu'elle installa d'abord sa maison hospitalière, mais nous n'avons pu découvrir le lieu de ce premier asile de la misère ; puis, par mesure sanitaire peut-être et à la suite de quelqu'une des violentes épidémies qui, si fréquemment, sévissaient sur les agglomérations urbaines au moyen-âge, elle vint planter sa tente en dehors de la ville, mais sans trop s'éloigner de l'abri protecteur des remparts, dans un terrain qui était sa propriété même. (Voir la première planche).

L'emplacement ne fut pas mal choisi, presque en rase campagne, au nord de la cité. Une toute petite maison, composée de deux pièces, l'une sur l'autre, entre cour et jardin, fut édifiée à l'angle N.-E. de notre place actuelle dite *le Bourguet*, à droite et au fond de la grande remise moderne qui a cessé naguère d'appartenir à l'ancien *Hôtel du Soleil*. Entre les pentes de la Coustourelle (la *Coste aurelle*) et la nouvelle maison des pauvres, s'étendait un assez vaste champ, sa dépendance ; ce champ porta longtemps le nom de *vigne de l'Hôpital* : il partait des fossés de la ville et occupait l'emplacement actuel du jardin Franc, (ou mieux Mabelly), partie du fond de la remise Franc, actuellement Aldou, et le jardin potager de la maison Emilien Dumas. Plus tard, vers 1570, la vigne de l'Hôpital devint le cimetière des huguenots (1). Mais déjà quelques maisons avaient été construites à côté de celle de l'Hôpital et sur son propre terrain : en 1307 il en existait au moins deux, payant censives aux pauvres. L'une d'elles confrontait au midi la *dougue (ou talus) du fossé* sur lequel était jeté le pont levis de la porte qui subsiste encore donnant accès à la Grand'Rue (2).

Ce quartier hors des murs devint peu à peu un petit bourg qui porta d'abord le nom de *rue de l'Hôpital (carrière de l'Hospital)* et le troqua plus tard contre celui du *Bourguet*.

Pendant plusieurs siècles, l'Hôpital resta tel que l'avaient laissé ses fondateurs, une humble maisonnette de deux pièces, l'une en bas où couchaient les pauvres, l'autre au dessus où se faisait leur cuisine et qui servait

---

(1) La *vigne de l'Hôpital* resta cimetière protestant jusques en 1685, l'année même où sous prétexte qu'il n'existait plus de protestants en France, fut révoqué l'Edit de Nantes. — Alors le culte catholique s'empara de leur cimetière, pour abandonner celui trop étroit qu'il avait acquis vers 1500, derrière le Château, dans le quartier St-Michel, au Sud-Est de la porte de la Taillade. — C'est en 1807 seulement que deux cimetières, l'un pour les catholiques, l'autre pour les protestants, furent établis à peu près hors la ville, à droite de la montée de Villevieille, sur la route de Nîmes, dans l'enclos qui avait appartenu aux Cordeliers avant la Révolution. — Le vieux cimetière catholique du Bourguet fut vendu en 1813 par la commune de Sommières au sieur Franc, qui le divisa en 3 parts : de celle la plus rapprochée du Jeu de Ballon, il fit son jardin : il creusa et couvrit la partie médiane pour en faire une vaste remise creusée au niveau du Bourguet, et vendit la troisième, du côté Nord, à son ami et voisin, Jean-Louis Dumas, qui en fit un jardin potager.

(2) *Reconnaissances* par-devant Guillaume Turquet, notaire à Sommières, le jour des calendes de décembre 1307, et par-devant Jean Tenque, notaire à Sommières le 4 des ides de juillet 1311.

en même temps d'entrepôt pour le linge. On mit plus de trois cents ans (1686) à s'apercevoir que les pauvres seraient moins mal couchés en haut qu'en bas, et que leur cuisine serait plus commodément placée au rez-de-chaussée qu'à l'étage supérieur.

En 1689 enfin, un premier agrandissement fut décidé : deux nouvelles chambres vinrent doubler l'espace ; l'une, destinée à la dame Hospitalière préposée au service de l'Hôpital, l'autre à ses hôtes. On peut voir encore, sur le derrière de la maison Aldou (ancien *Hôtel du Soleil*), la petite galerie munie d'une balustrade en fer qui relie ces deux nouvelles chambres à l'ancien corps de logis.

Faute de place pour y tenir ses séances, le Bureau des pauvres se réunissait tantôt chez le curé, tantôt chez l'un des Administrateurs. C'est chez le marquis de Montpezat (1), gouverneur de la ville, que, le 17 mars 1715, fut prise enfin la résolution d'abandonner la pauvre bicoque « depuis longtemps reconnue insuffi- » sante, mal située tant pour la commodité des pauvres » que pour celle de ses habitants » et de transférer l'Hôpital à l'extrémité nord du faubourg du Bourguet.

Acquisition de la petite maison Croye (1715). — On fit choix d'une maison appartenant au sieur Croye, située à côté du moulin à huile du sieur Guillot (actuellement, 1896, moulin Vessière), bien petite aussi mais voisine d'un petit jardin et d'une étroite cour que l'on projetait également d'acquérir du sieur Espinel, où est bâtie aujourd'hui partie de la maison Coulet.

Aussitôt abandonné, l'ancien local de la place du Bourguet fut vendu par les Consuls à Jacques Franc, hôte du *Logis du Soleil*, au prix de 1,350 livres (2) ;

---

(1) Dans la maison devenue depuis celle d'Emilien Dumas.

(2) Un peu plus tard, le sieur Franc, déjà propriétaire de

le petit jardin qui joignait l'Hôpital au cimetière fut acquis au prix de 100 livres par le sieur Guillot, directeur de la monnaie à Montpellier, qui en fit une basse-cour pour sa maison. Une des clauses du contrat de vente adjoignait aux acquéreurs de construire à leurs frais de grands murs de clôture, destinés à séparer leur nouveau domaine du cimetière catholique. L'ordre émanait de l'évêque de Nîmes.

Resserrée comme elle l'était, la petite maison Croye transformée en Hôpital nécessita bientôt des agrandissements successifs. On les exécuta aux dépens du petit jardin Espinel ; une cuisine et une chambre au rez-de-chaussée, deux pièces au dessus, furent immédiatement construites grâce aux libéralités testamentaires du marquis de Montpezat qui venait de mourir, et de M. de St-Amant de Moissac qui lui succédait à la tête de l'administration hospitalière.

En 1741, nouvel agrandissement : On prend cette fois les deux tiers du jardin Espinel pour y construire une salle basse, voûtée, et, au-dessus deux chambres desservies par un corridor avec rampe en fer. C'est *Pierre Saussine*, maçon, qui, sous la caution de son frère *Jean Saussine*, se charge des travaux moyennant 1,100 livres. On voyait, dans cette maison, une prison munie d'une solide porte fermée par un gros verrou, mais nulle part nous n'avons trouvé trace de son emploi, pas plus d'ailleurs que de l'écurie à côté. Peut-être servaient-elles dans le principe à faire coucher les passants qui, plus tard, trouvèrent à leur disposition une salle au premier étage, meublée de trois lits.

---

l'*Hôtel du Soleil* sur la place du Bourguet, devint acquéreur de l'ancien logis dit *Hôtel de Conty*, ainsi que de deux maisons qui le séparaient du fossé de la ville, près de la porte du Bourguet. Plus tard encore, en 1813, Franc acquit, ainsi que nous venons de le dire (p. 103) l'ancien cimetière, situé derrière ce groupe de maisons et restait ainsi le seul propriétaire de toute la face N.-E. du Bourguet.

Quoiqu'il en soit, et malgré ces divers agrandissements successifs l'Hôpital était encore fort à l'étroit. Aussi, dès que les circonstances le permirent, l'administration s'empressa-t-elle de déguerpir ce lieu malsain et incommode pour revenir, après cinquante-six ans, sur la grande place du Bourguet.

Acquisition de l'ancien couvent des Récollets, 1770. — Là, en effet, un vaste local se trouvait libre. C'était le couvent des Frères-Prêcheurs ou *Récollets (recollati, recueillis)*, récemment transférés à Toulon. Il était situé à l'angle nord-ouest de la place du Bourguet, où il occupait la plus grande partie de l'emplacement qui sert aujourd'hui de couvent aux Dames Ursulines. La maison était très vaste : formée de constructions basses et de longs couloirs, elle entourait un jardin flanqué, à l'est, d'une assez belle église. Sa construction remontait à 1630. L'établissement des Récollets à Sommières était donc postérieur de quinze ans seulement à celui de Nîmes, et de vingt-sept ans à celui de Paris. L'ordre religieux des Récollets, — quand il fut fondé en Espagne (1484), d'où bientôt il passa en Italie, puis en France (1592), — avait surtout pour but de fournir des missionnaires pour les Indes et des aumôniers pour les régiments.

La nécessité d'une telle institution dans notre petite ville ne s'y faisait donc pas sentir d'une façon bien vive. Néanmoins elle y dura cent quarante ans et ne fut supprimée que par ordre du roi Louis XV, en 1769, sept années après que le monarque français eût expulsé les Jésuites de son royaume. Nous ne saurions donc exactement préciser le rôle que jouaient ici les pères Récollets, mais il est probable que, durant la dernière moitié du XVIIe siècle, ils contribuaient à l'exécution des ordonnances de Louis XIV contre ceux de la R. P. R., et jouissaient, pour cette raison, d'une tendre considération parmi les autorités locales. Nous voyons en effet, le 25 août 1680, le Conseil politique de Sommières décider « que la communauté donnera un tonneau de » vin aux pauvres religieux Récollets qui n'en ont » point, pour les pouvoir faire subsister jusques au » nouveau. » — De même, le 29 avril 1685 : « pour » donner moyen aux pères Récollets de subsister, ce » qu'ils ne peuvent faire parce qu'ils sont privés de » plusieurs aumônes que plusieurs de la R. P. R. leur » faisaient, la communauté leur donnera par charité la » somme de 30 livres. » — Le fermier de la boucherie contribuait aussi à l'entretien des pauvres religieux : indépendamment des charges qu'il supportait, cet adjudicataire était tenu de fournir gratuitement tous les ans aux Révérends Pères deux quintaux de viande de mouton et un quintal de bœuf ; plus tard, cette quantité fut réduite d'un tiers, et, néanmoins, le fermier de 1716 négligea cette année-là de leur payer tribut. La corporation s'en plaignit aux Consuls qui décidèrent, en Conseil réuni, que les deux quintaux de viande leur seraient régulièrement fournis à l'avenir. Malgré cette décision formelle, l'ordre du Conseil en faveur des pères Récollets ne fut pas d'avantage exécuté en 1717 : mais alors ces Messieurs se fachèrent et, ce que jusque là ils avaient demandé comme une aumône, ils l'exigèrent comme un droit après s'être pourvus devant Monseigneur l'Intendant de la Province. Pour éviter un conflit avec eux, le Conseil renouvela sa déclaration de l'année précédente et décida que, pour le passé, on les indemniserait en argent. (*Registres des Délib.* 1680-1717, *Arch. de la Mairie*).

Le personnel des Récollets était d'ailleurs peu nombreux à Sommières. Ils étaient neuf en 1721. En 1769, sur l'ordre du Roi, ils furent transférés à Toulon.

Leur maison ainsi abandonnée restait vacante et à

vendre. Nos Administrateurs la convoitèrent : depuis longtemps, en effet, nous l'avons dit, l'insuffisance d'espace se faisait douloureusement sentir dans leur établissement hospitalier. Mais un édit royal de 1749 prohibe aux gens de main-morte toute acquisition d'immeubles. Faudra-t-il laisser échapper une si belle occasion d'améliorer le sort des pauvres ; n'est-il point d'accommodement avec les Rois ? — Un avocat fut consulté. — Les pauvres, répondit-il, jouissent d'une maison qui n'est point à leur convenance : Pour leur permettre l'acquisition projetée, on devra obtenir du Roi des lettres-patentes qui, dérogeant à l'édit de 1749, la leur permettront d'autant plus aisément qu'on exposera, dans le placet, les justes raisons qui dirigent leurs vues et qu'on offrira en même temps de vendre l'incommode maison qui leur sert actuellement d'asile.

M. de Lamonie, chevalier de l'Ordre royal et militaire de Saint-Louis, un des directeurs de l'Hôpital, fut donc député vers le Roi avec mission de lui soumettre la supplique.

On connaissait en ce temps-là, comme on les connaît encore de nos jours, les excessives lenteurs de l'Administration française : on sut s'en méfier. Quand, après deux années d'attente, l'autorisation royale fût enfin accordée et que les lettres-patentes, pour être valables, eurent été enregistrées au Parlement de Toulouse le 16 juillet 1772, l'acquisition du couvent des Récollets était faite déjà depuis longtemps. Prudemment, en effet, le Trésorier de l'Hôpital, Jacques Daraussin, avait pris ses avances et, dès le 27 juin, 1770, pardevant Mᵉ Duranc, le couvent était acheté par lui au prix de 7,000 livres *pour un ami élu ou à élire.*

L'obstacle royal enfin surmonté, l'élection d'ami fut vite faite. On prit quatre ans pour se libérer intégralement, mais il était urgent de payer les frais du contrat ainsi qu'un premier à-compte : total, 2,400 livres (1).

Pour trouver cette somme ailleurs que dans la caisse à peu près vide de l'Hôpital, on fit parmi la population une quête générale, à laquelle participèrent les deux cultes et qui produisit 3,457 l. 10 s. Puis on se hâta, avec le surplus, de restaurer l'église des anciens Récollets : elle fut meublée de tableaux, de boiseries, de bancs, d'un bénitier et d'un autel en marbre ; la table de communion fut entourée de balustres, l'autel pourvu d'un devant en cuir doré, d'un ostensoir et d'un ciboire en argent, d'un calice et d'une patène de même métal ; la chaire fut édifiée. On passa ensuite à l'aménagement des pauvres.

Enfin, les réparations étant toutes terminées, le 11 août 1772, le Bureau put tenir sa première délibération dans la salle basse du nouvel établissement, et le premier acte de cette assemblée fut la mise en vente de l'ancien Hôpital du faubourg du Bourguet. C'est le sieur André Méjean, hôtelier du logis « *Le Luxembourg* » et propriétaire d'un moulin à huile dans cette rue, qui en resta l'adjudicataire au prix de 4,000 livres payables en neuf années.

Peu après, l'on s'aperçut que la salle choisie pour les séances du Bureau était trop obscure, et voûtée de telle façon qu'on ne pouvait s'y entendre « à raison de la » vibration trop compliquée de l'air. » Deux ouvertures pratiquées dans les murs obvièrent à ce double inconvénient.

En même temps se poursuivaient quelques améliorations urgentes. Il fallut les payer aussi. A cet effet, les Administrateurs vendirent la terre qu'autrefois l'Hôpital

---

(1) Le testament fait en 1734 par Marie Gourgas, épouse du médecin Nazon, donnait bien une somme de 3,400 livres pour l'augmentation des logements de l'Hôpital, mais ce legs n'entra que bien longtemps après, en 1820 seulement, dans la caisse de l'Hospice.

donnait en jouissance à son concierge, mais que l'édit de 1749 ordonnait de tirer de main-morte.

De leur côté, les Récollets devenaient pressants : 8,000 livres leur restaient encore dues, et le terme de quatre ans, pris comme dernier délai pour l'intégrale libération de l'Hôpital envers eux, venait d'expirer (1774). Un emprunt semblait inévitable, lorsque les héritiers de Louis-Martial Persin offrirent de s'acquitter du legs de 4,000 livres que cet ancien Trésorier avait fait à l'Hôpital par testament du 21 avril 1768. Augmentée de quatre années d'intérêts, cette somme suffit à parfaire le solde de l'acquisition (12 novembre 1774).

Mais l'installation ne paraissait pas encore complète. La cloche de l'église se trouvait si petite « qu'on avait » peine à l'entendre », tandis que les Cordeliers en possédaient une du poids d'environ trois quintaux qu'ils désiraient vendre et, de préférence, à l'Hôpital. Malheureusement, le vieux clocher des Récollets paraissait trop petit et en trop mauvais état pour la recevoir et en supporter le poids. Sans hésitation, la reconstruction du clocher fut résolue ainsi que l'acquisition de la cloche des Cordeliers : il en coûta 575 l. 16 s. (septembre (1775).

L'église ainsi complétée, la marquise de Villevieille demanda la concession à perpétuité d'une chapelle placée à gauche de l'autel, chapelle qui appartenait autrefois à la maison de Villevieille, ainsi qu'en témoignent, disait la marquise, les armoiries qu'on y voyait encore. Le Bureau condescendit volontiers à ce désir, laissant à la piété de M⁰ᵉ de Villevieille le soin de fixer le prix de la concession. On tomba d'accord : mais cette bonne entente fut de courte durée; en 1783, la marquise s'avisa d'exhumer d'anciens titres en vertu desquels sa maison jouissait du fief de la Condamine où est situé le nouvel Hôpital, et prétendait, en conséquence, faire payer à cet établissement le droit de lods exigible tous les trente ans et à perpétuité. Le Bureau s'émut fort de cette prétention inattendue. On fit des recherches ; elles aboutirent à la confusion de Mme de Villevieille ; un acte trouvé dans les minutes de Me Chrestien établissait en effet que, le 18 juin 1712, les Récollets avaient payé au sieur de Baguet, ancien suzerain du quartier de la Condamine, une somme de 205 livres afin de s'affran·hir à jamais de la censive annuelle de 3 l. 1 s. 11 d. qu'ils avaient jusque là servie pour l'emplacement de leur couvent ; et, de plus, on put opposer à Mme de Villevieille l'article 3 d'un arrêt du 21 janvier 1738 exonérant les hôpitaux généraux et particuliers du droit d'amortissement sur tous dons, legs, constructions, acquisitions ou échange intéressant les maisons de charité.

Entre temps, le Bureau s'efforçait de tirer profit des portions de son vaste établissement inoccupées par les pauvres, et d'augmenter ainsi leurs revenus. Le jardin restait improductif : un locataire se présente, offrant, si l'on veut bien le lui louer pour un terme assez long, de le transformer en jardin potager ; du puits actuel, il fera un puits à roue : il bâtira deux pièces sur l'écurie ; transplantera tout autour les mûriers plantés au milieu du jardin : ouvrira au public une porte de communication sur le chemin qui mène à l'abreuvoir (aujourd'hui *rue Abbé Fabre*), et cultivera, dans le petit jardin attenant à celui-ci, « des chicorées, du persil, de la » bourrache et autres herbes nécessaires aux malades ; » en échange, il demande les balayures et les vieilles pailles provenant des paillasses, qu'il portera aux aires où il les remplira de paille neuve chaque fois que besoin sera.

Ces conditions parurent avantageuses : elles furent acceptées. et le bail ainsi réglé le 11 février 1777, au prix annuel de 50 livres pour neuf années. — Mais quand en 1782, fut décidée l'installation, par M. de Joubert, d'une fabrique de molletons dans les locaux de l'Hôpital, le voisinage des bâtiments occupés par le maraîcher, et son jardin constamment ouvert au public, devaient constituer, pour la sécurité des laines et des matières premières de la Manufacture, un danger permanent. En conséquence, on résolut de résilier le bail en indemnisant le jardinier au moyen d'une somme de 400 livres qu'il accepta. La perte de ce loyer et l'indemnité payée au locataire, furent, comme on l'a déjà vu au chapitre précédent, le prélude des pertes bien autrement considérables que subit l'Hôpital par suite de la généreuse utopie de M. de Joubert.

Après la dissolution de la Manufacture, ses locaux se louèrent tant bien que mal à diverses personnes ; le sieur Viel, directeur de la poste aux lettres, établit son bureau dans le petit local à côté de l'église, sur la place du Bourguet, le citoyen Bresson installa un magasin à laines dans une autre partie des bâtiments qui servit peu après d'asile aux prisonniers autrichiens ; en 1793 l'église elle-même fut convertie en magasin d'effets militaires.

Quant aux pauvres, qui se trouvaient fort bien dans cette grande maison et semblaient y être installés d'une manière définitive, nous verrons bientôt par quelles circonstances ils en furent délogés en 1807, après la Révolution, et transportés dans l'ancien couvent des Cordeliers.

§ 2. Son mobilier. — Nous avons promis de donner *in extenso* le plus ancien des inventaires conservé en nos archives. Il date du mercredi 25 mars 1593.

On verra, d'après ce document authentique et complet, que le pauvre mobilier de cette maison correspondait exactement à la faiblesse de ses revenus territoriaux; il confirmera en même temps ce que nous avons déjà dit du misérable espace réservé jusque-là à ses hôtes.

Ce sont les trois Consuls assistés de maître Antoine Marchand et de Claude Bénezet, *procureurs-visitateurs* de l'Hôpital, qui instrumentent. Ils ont trouvé disent-ils :

Au membre d'en haut ;

7 linceuils neufs ; 9 vieux de petite valeur ;

Un chaudron de bonne valeur tenant 3 seillades ; (environ 25 litres) ;

La croix et le drap des morts ;

5 coussins traversins de toile :

Une caisse longue de bonne valeur ayant la marque de la ville.

Au membre d'en bas :

6 flassades (couvertures de laine), 3 bonnes et 3 de petite valeur ;

6 lits, tous plans bois de noyer avec leur plafond et bassaque (paillasse).

C'est tout !

En présence de cet inventaire de misère, on pourrait craindre quelque omission de la part de ses auteurs. Voyons donc le suivant, dressé deux ans après, le 28 avril 1597, par le même Antoine Marchand, élevé depuis à la dignité de Consul. Celui-ci dicte à son greffier, Jean Bedos :

Premièrement, *au membre d'en haut* ont été trouvés :

21 linceuils tant bons que mauvais ;

Un chaudron tenant trois seillades ou environ, de bonne valeur ;

Un drap de mort ;

5 coussins traversins de toile ;

Une caisse longue de bonne valeur ayant la marque de la ville, dans laquelle ont été trouvés les susdits.

Secondement, *au membre d'en bas* ont été trouvés :

6 flassades, 3 bonnes et 3 de petite valeur ;

Item, 6 lits tous planes, bois

de noyer avec leur porte-fond ;

Item, 2 autres flassades blanches de bonne valeur.

Ce précieux mobilier est confié à la surveillance d'un

sieur Bouteiller, concierge ou *hospitalier*, auquel on impose le serment d'en faire bonne garde.

L'immeuble n'a rien de changé : il est toujours et uniquement composé de deux pièces, l'une sur l'autre, comme il l'a été depuis sa fondation, — son contenu restant le même.

En juin 1598, le mobilier s'enrichit de 18 linceuils neufs que la ville a fait confectionner, et, le 19 juillet suivant, d'une flassade blanche.

A mesure qu'on avance dans le temps, l'inventaire s'accroît, mais bien lentement : le 4 novembre 1599, on a trouvé :

Au membre d'en haut :

Un grand coffre moyenne valeur contenant 38 linceuils en tout, à savoir : 30 de bons et 8 de rompus et pelassés ;

5 bonnes flassades blanches et autres 5 de petite valeur ;

Un chaudron ou perrol tenant deux seillades ou environ, de bonne valeur :

Une petite sartan *(poële à frire)* et une autre en fer, de bonne valeur :

8 lits en tout, petits ou grands ;

4 mathelas de petite valeur, et 7 coussins ou traversins de petite valeur.

A remarquer ici 4 matelas, pour 8 lits : une moitié des hôtes de l'Hôpital couchait donc sur de simples paillasses, et tous n'avaient pas de traversin.

En janvier 1601, on constate l'existence de 3 nouvelles flassades blanches.

Il nous faudra maintenant franchir près d'un siècle pour rencontrer l'inventaire qui suivit celui de 1601.

Mais dans l'intervalle, le 30 janvier 1660, nous trouvons, dans le registre des délibérations à la Mairie, le premier Consul exposant à son Conseil que l'Hôpital est tellement dépourvu de meubles et en particulier de lits, de paillasses, coussins, linceuils et couvertures, que les pauvres sont obligés *de coucher par terre.* Pour remédier à cette triste pénurie, il serait bon d'employer,

dit-il, une somme de 70 livres due par un sieur de
Saint-Martin, capitaine-major, pour droit de lods sur
une maison qu'il vient d'acquérir de Pierre Vier, au prix
de 700 livres. Cette maison relève de l'Hôpital ; elle est
située au faubourg du Bourguet, tout contre une terre
de l'Hôpital qui est près du cimetière de ceux de la
R. P. R. ; il y a aussi, dit encore le premier Consul, une
petite partie de cette terre, environ trois dextres, qui
pourrait convenir au sieur de Saint-Martin pour
agrandir sa maison et qu'on pourrait lui vendre s'il
voulait bien ajouter quelque petite somme à ce qu'il
doit déjà pour droit de lods. Là dessus, on mande à la
Maison consulaire le sieur de Saint-Martin pour entendre
cette proposition. Il accepte volontiers, et, entrant dans
les vues de Messieurs du Conseil, offre d'acheter pour
les pauvres « 4 bois de lits tous neufs, autant de
» paillasses, de coussins et de couvertures et 8 linceuils
» en toile, d'une valeur de 200 livres au moins qui va
» au delà de la valeur des trois dextres de terre (qu'on
» lui propose) et du droit de lods » qu'on lui réclame.

Nous rencontrons également dans les archives de la
Mairie un registre intitulé : *Légats et dons faits aux
pauvres de la religion réformée* 1616-1695, où on peut
lire : 26 mars 1619, Françoise Pelatier, veuve de
Pierre Nougarède, de Sommières, lègue aux pauvres de
l'Hôpital un lit garni avec sa couverte et 2 linceuils ; —
30 mars 1626, Marguerite Rouvière, veuve de Pierre
Reboul, lègue à l'Hôpital un lit garni de sa paillasse,
une couverte en laine blanche et 2 linceuils en toile de
maison ; — Lancelot Maneuphe, pelleteur au grenier à
sel, par testament du 4 juin 1639 donne aux pauvres
10 livres pour acheter une couverture de laine pour
l'Hôpital : — dame Judith de Sigilory (1), par testament

---

(1) Une dame de Sigilory était veuve de Vals, pasteur à Aimargues.
vers 1660.

du 6 juillet 1645, lègue 100 livres dont 70 pour les pauvres protestants et 30 livres à l'Hôpital.

L'inventaire qui suivit celui de 1601 date du 5 février 1686 ; il fut dressé en présence du sieur Terrien, procureur des pauvres, et ainsi libellé :

Dans la cuisine :

Un grand cabinet de bois blanc avec ses serrures, de moyenne valeur ;
Un déshabiller bois blanc fermé à clef ;
Un grand coffre bois de noyer fermé à clef ;
Une caisse bois blanc avec sa fermeture ;

Un lit ;
Un chaudron tenant environ 3 seillades ;
Un petit poëlon :
Une poële à frire ; un gril :
4 assiettes et 3 écuelles d'étain ;
4 cuillers d'étain ;
Une sallière d'étain ;

En haut :

8 bois de lit, dont 2 garnis d'une toile peinte ;
3 chaises à bras de moyenne valeur ;
18 draps de lit tout bons :
12 bonnes couvertes ;
8 paillasses de bonne toile ;
8 chemises toutes neuves, 4 d'hommes et 4 de femmes ;

Une toilette de toile ;
14 serviettes ;
4 coiffes de toile pour hommes ;
Une crémaillère ;
Une marmite en fonte fendue :
2 pots de chambre ;
Une bassinoire ;

Le tout est remis en garde à Mesdemoiselles de Savagner et Gourdon qui en donneront compte aux Dames de Miséricorde entrant en charge après elles. Quoique à l'état embryonnaire encore, ce pauvre mobilier s'est amélioré, les ustensiles de ménage, la literie ont progressé.

Mais trois ans après (1689) l'amélioration devient bien plus évidente : d'abord, la maison qui jusque là n'était composée que de deux pièces l'une sur l'autre, (comme un simple *mazet*) s'est accrue de deux chambres, l'une dite *chambre de Madame*, l'autre, au premier étage, est desservie par une galerie couverte ; puis on les a meublées. La *chambre de Madame* sert aussi de lingerie. On y trouve :

Un déshabillé de bois blanc avec serrure ;

2 lits en noyer. chacun avec son matelas de laine, sa paillasse, un traversin de plumes, un tour de lit en toile de coton peinte ;

2 couvertures d'indienne :

3 chaises à bras dont une avec un grand coussin de plumes fait de la même toile que celle du tour de lit;

Un grand coffre en noyer ;

12 draps de lit neufs ;

8 chemises de femme et 6 chemises d'homme ;

6 coiffes de femme et 8 de nuit d'homme ;

Un tapis de table en indienne ;

Une paire de chenets en fer avec pelles et mouchettes ;

3 chassis de corde :

3 palettes d'étain pour la saignée.

Une petite salière d'étain ;

Dans la chambre le long de la galerie :

4 lits en noyer, chacun avec traversin et paillasse, recouverts de toile ;

4 chaises en noyer;

Une table en bois blanc ;

Dans la galerie :

Un coffre en noyer fort usé.

Dans la chambre au-dessous, attenant à celle à côté de la cuisine :

2 lits en bois blanc, garnis d'un fustanet de toile peinte, mais dont le derrière n'est pas garni, chacun avec traversin de plumes et paillasse;

Une petite table de bois blanc avec tapis d'indienne ;

2 chaises garnies de cadis rouge ;

Dans la chambre ou salle basse (celle attenant à la cuisine) :

3 lits en noyer fort usés, non garnis et sans pieds ou

colonnes, avec leurs paillasses et traversins de paille.

L'année suivante, 2 matelas sont ajoutés à la chambre

du rez-de-chaussée ; on met un lit de plus et quelques meubles dans la salle basse.

En 1700, les nouveaux convertis ont fait les frais d'une nouvelle augmentation au moyen des amendes prononcées contre eux : on reconnaît 37 draps de lit neufs, 8 couvertures neuves et 8 bois de lits en bois blanc.

Un duplicata de cet inventaire fut remis à Claude Jouve, hospitalier, entré le 6 février 1700 pour servir les pauvres avec sa femme.

L'inventaire de 1704 constate une augmentation de 4 lits mais une diminution sensible dans la lingerie.

En 1710, c'est pire encore : il ne reste plus que 14 linceuils.

En 1713, la cuisine n'est pas mieux outillée qu'en 1686 ; des deux lits d'en haut, un seul reste garni ; on compte 6 paillasses et 4 couvertures qui proviennent des casernes, et 6 couvertures de laine, don d'un particulier ; des 28 linceuils qui restaient l'année précédente 8 sont destinés à faire de la charpie ou à servir de linge de pansement.

Peu après, cependant (1714), on achète 14 draps de lit et 26 chemises de toile rousse ; mais le nombre des lits n'a pas augmenté : 9 en tout.

En 1715, l'antique maison de l'Hôpital située depuis des siècles sur la place du Bourguet, est enfin jugée insuffisante quoique agrandie il y a vingt-cinq ans à peine, et on la vend à Jacques Franc, hôte de l'*Hôtel du Soleil ;* l'établissement est transporté un peu plus loin dans un local qui n'est pourtant guère plus vaste, sur la route d'Alais, au faubourg du Bourguet. A peine y est-on installé qu'on sent le besoin d'y créer plus de place et l'on se décide, en 1718, à construire une nouvelle chambre sur le jardin Espivel, que l'on meuble des dons de Mlle de Saint-Martin et de Mme de Bozanquet.

Le 1er septembre 1725, quelques personnes charitables
» s'étant donné la peine de racommoder et rapiécer »
tout le linge de l'Hôpital, on y compte 39 linceuils,
28 chemises d'homme, 22 de femme, 7 coiffes de nuit
pour hommes et 9 pour femmes, 9 essuie-mains;
9 chemises d'enfant et 6 coussinières.

L'inventaire de 1730 mentionne chaque pièce : il y a
six chambres, dont trois sont désignées comme faisant
partie du *quartier neuf,* chacune portant le nom d'un
saint ou d'une sainte ; la cuisine enfin a été débarrassée
de son lit ; le bureau de l'Administration est doté d'une
salle spéciale.

Pour la première fois, dans l'inventaire de 1741, il
est fait mention d'une prison munie d'une paillasse,
d'un coussin de paille et d'une vieille couverture ; il est
également parlé d'une écurie pourvue d'une vieille
couverture, et enfin d'une chapelle, très richement
meublée eu égard au reste de l'établissement. Elle
possède : 2 devants d'autel, l'un en tapisserie, l'autre
en cuir doré, chacun avec ses deux coussins ; 4 chandeliers, un christ, 4 petits tableaux, 4 bouquets de fleurs
artificielles ; 3 chasubles, moire, violette, blanche :
4 nappes dont l'une garnie de dentelles ; une aube à
dentelles ; 3 corporaux et 2 à dentelles ; 6 lavabos ;
6 purificatoires : 2 boîtes, dont l'une brodée, pour les
hosties ; une vieille soutane, un bonnet carré ; un
bénitier ; les burettes avec leur assiette ; un missel ;
un éteignoir ; une clochette ; un tapis pour couvrir l'autel ;
une petite armoire. Comme mobilier servant aux
cérémonies funèbres : une bière, 15 manteaux noirs,
2 draps mortuaires et un plus petit.

Depuis cette dernière date (1741), jusqu'au moment
du nouveau transfert dans le local du couvent des
Récollets (1772), le mobilier reste le même, mais la
lingerie a considérablement gagné : elle renferme

68 draps de lit, 68 chemises d'homme, 51 chemises de femme.

Il n'y a que deux draps de moins, lorsque, six ans après, la femme Prade, dite sœur Pradelle entre, en 1788, au service de l'Hôpital; mais la lingerie possède alors 93 chemises de femme et 125 chemises d'homme; 20 nappes; 35 serviettes : 4 essuie-mains; 11 tabliers; 15 matelas; 2 matelas de plume; 18 paillasses; 30 couvertures de laine; 8 garniments de lit. Le mobilier est resté stationnaire.

L'augmentation très considérable que nous venons de signaler provient, pour le linge, les matelas, etc., de successions laissées à l'Hôpital par quelques-uns de ses pensionnaires, la vieille sœur du curé Rampvier, entre-autres. Quant aux couvertures de laine, elles sont dues à l'évêque de Nîmes. Ce charitable prélat, Courtois de Balore, avait adressé aux Administrateurs de l'Hôpital une somme de 300 livres qu'il désirait voir affecter à l'achat de couvertures de laine, dont la destination était d'être prêtées aux pauvres malades, pendant l'hiver seulement, puis retirées au beau temps, et réemployées l'année suivante de la même manière. Mais ces couvertures devaient n'être cédées que sous nantissement d'une somme de 12 livres chacune que l'administration restituerait au moment où la couverture prêtée rentrerait au dépôt de l'Hôpital. Les Administrateurs avaient accepté et le don et les conditions, quoiqu'un peu rigoureuses, qu'y mettait l'évêque : 12 livres de nantissement représentaient en effet au moins l'entière valeur de la couverture (en 1751 l'Hôpital en avait acheté 4 au prix de 11 livres), et c'est pourquoi sans doute ce mode de prêt trouva peu d'adhérents. En tous cas, l'Hôpital bénéficia de cette largesse de l'évêque.

L'inventaire de 1788 fut le dernier dressé avant la Révolution; on trouvera plus loin celui de 1820, le premier, depuis cette grande date.

§ 3. Sa situation financière au milieu du XVIIIe siècle
et en 1789. — A la fin du XVIIIe siècle, au moment où
la Révolution française va faire table rase de toutes les
institutions de l'ancien régime, la fortune de notre
humble établissement de charité, depuis sa fondation,
avait suivi une marche lente mais constamment pro-
gressive : aidée ou respectée de tous les partis, elle
avait traversé les grandes crises politiques du moyen-
âge, les troubles religieux de la Renaissance et des
temps modernes, sans en subir trop durement les
contre-coups. Le clergé, peut-être aussi l'administration
civile, s'étaient, il est vrai, emparés de certains bénéfices
auxquels les pauvres avaient plus de droit qu'eux, et
c'est inutilement que les rois François Ier et Charles IX
avaient tenté de leur faire rendre gorge ; nous avons eu
l'occasion de reprocher, c'est également vrai, à quelques-
uns de nos Administrateurs leur négligence dans la
gestion des biens qui leur étaient confiés, mais ces
diverses circonstances n'avaient eu d'autre résultat
qu'un ralentissement passager de cette fortune.

Malgré toutes les vicissitudes des temps passés, la
situation financière de l'Hôpital se trouvait relativement
prospère : ses revenus reposaient pour une grande
partie sur la province de Languedoc, et, pour le reste,
sur des particuliers solvables. Les petites censives
avaient insensiblement disparu ; si quelques créances
douteuses subsistaient encore, les difficultés ou l'impossibilité de leur recouvrement n'entravaient en aucune
façon la marche régulière de la maison, toujours régie
par une sage économie.

Pour donner une juste idée de la situation financière
de notre Hôpital, nous résumerons en un tableau
succint la moyenne de ses revenus et de ses charges au
milieu du XVIIIe siècle, puis nous ferons connaître le
détail exact de tous ses biens en 1789.

Revenus de l'Hôpital en 1750 :

Censives et lods	25 livres.
Troncs, bassins des églises, draps mortuaires, moyenne..	100 »
Deux quêtes à la veille des principales foires, moyenne.	30 »
Une quête générale annuelle, moy.	200 »
Aumônes, moyenne.	400 »
Une salmée et demie de mixture, due par le prieur de St-Amant ou le chapitre de St-Gilles. . .	30 »
Trente contrats à constitution de rente au denier 20 (5 0/0), sur divers débiteurs.	1,131 l. 17 s. 4 d.
Rente du marquis de Calvisson pour les censives d'Aujargues .	14 livres.
Rentes provenant de la vente faite à 4 particuliers des terres de la maladrerie de St-Lazare réunie à l'Hôpital.	96 l. 3 s. 8 d.
Rente sur la ville de Nîmes pour un capital de 3,000 livres réduit à 1,480 livres	29 » 12 »
Rente sur le clergé de Nîmes pour la cession faite à l'Hôpital par dames Garimon-Berchambel et Dumas	80 »
Legs de M. de Foix, 1,000 livres sur la province de Languedoc .	30 »
Total des revenus *moyens* en 1750.	2,136 l. 13 s.

Charges de l'Hôpital en 1750 :

L'Hospitalière	100 livres.
L'Hospitalier-fossoyeur	12 »
Conduite de gîte en gîte des passants malades	12 »
Subsistance de 7 à 8 pauvres ; on leur donne en tout de 15 à 18 sous par semaine, ils se procurent le surplus en demandant l'aumône	295 »
Pain distribué à 200 personnes de la ville, de la Toussaint au mois de juin, suivant un vieil usage.	1,500 »
Pain fourni toute l'année à des vieillards et infirmes, qui, faute de place à l'Hôpital, demeurent en ville	600 »
Bouillon aux ouvriers malades, étrangers attirés par les manufactures de laine.	400 »
Médecin, chirurgien, gratis. . . .	» »
Remèdes achetés à prix coûtant. .	50 »
Dépenses des soldats malades, traités à l'Hôpital, sans qu'on puisse rien recouvrer de l'État.	20 »
Réparations annuelles aux bâtiments.	24 »
Total des dépenses *moyennes* en 1750	3,013 livres.

L'excédent de la dépense moyenne sur la recette est comblé par les legs pies, aumônes et amendes quotidiennes. S'il y a du surplus, il est placé à constitution de rentes sur particuliers.

On remarquera que, dans ce total dépensé annuellement par l'Hôpital, sont comprises toutes celles des charges qui, de nos jours, incombent au Bureau de Bienfaisance : elles figurent ici pour 2,500 livres, soit pour plus du double de ce qu'exige aujourd'hui le service extérieur des pauvres; il restait donc à peine 500 livres pour l'Hôpital, à l'entretien duquel on consacre *actuellement* six fois cette somme.

Voici maintenant le détail des revenus de l'Hôpital en 1789 :

Rentes sur la Province, par suite de legs, donations et placements divers depuis 1750	1,506 l.	10 s.	»
Sur le clergé de Nîmes (donations Garimon-Berchambet).	50	»	»
Sur la ville de Nîmes, donation Terrien dont le capital fut diminué par les commissaires de la Province et l'intérêt réduit de 5 à 2 %.	29 l. 12 s.		»
	1,586 l.	2 s.	»
Rente sur la communauté d'Aujargues, représentée par le marquis de Calvisson.	14	»	»
Sur Gervais-Vidal, hôte au faubourg du Pont où pend l'enseigne « *La Fleur de Lys,* » par acte... du 22 mai 1737	25	»	»
Sur Antoine Viger, fabricant, pour prêt	50	»	»
A reporter	1,675 l.	2 s.	»

Report	1,675 *l.*	2 *s.*	»
Sur Jean Isaac Lafont, hôte du logis « *Le Cheval Blanc* », au faubourg du Pont, acte Favas du 2 février 1765 pour prêt. . . .	115	»	»
Sur Ignace et Martial Chrestien, père et fils, acte Puech du 11 février 1749.	25	6	»
Sur Henry Franc, hôte du logis « *Au Soleil*, » faubourg du Bourguet, actes reçus Chrestien, 3 rentes au total de.	59	3	8
Sur Antoine Deymond, de Calvisson, acte Chrestien, 3 mai 1730.	20	»	»
Sur Jean Allier, de Sommières, acte Puech, 27 mars 1763	18	7	6
Sur Marie Touzellier, veuve Gout, acte Puech, 15 mars 1764 . . .	75	»	»
Sur Pierre Rebuffat, prêt, acte Puech 15 mars 1749	25	»	»
Sur Jean Teissier, toilelier, prêt, acte Chrestien, 16 avril 1731. .	10	»	»
Sur Jacques Théron, maire à Calvisson, prêt, acte Favas, 21 avril 1749	25	»	»
Sur Pierre Rouvière, épicier à Sommières, délégation, acte Puech, 23 avril 1755	50	»	»
Sur Pierre Germain, menuisier, prêt, acte Puech, 17 avril 1757.	100	»	»
Sur Pierre Jaujou, fabricant, vente de maison, acte Poujol, 6 avril 1774	15	»	»
A reporter	2,212 *l.*	18 *s.*	2 *d.*

Report . . . . . 2,212 l· 18 s. 2 d.

Sur Jacques Etienne Aubanel, négociant, vente d'une terre, acte
Poujol, 6 avril 1774.— Les affaires de ce négociant faillirent à la
Révolution, mais son fils Etienne
Garonne Aubanel s'acquitta plus
tard   60   »   »

Sur Joseph Gout, acte Puech,
1er avril 1787   27   10   »

Sur veuve Bruguière et fils aîné,
prêt, acte Puech et Niel, 17 mai
1784   10   »   »

Sur Claude Fize, hôte du logis
« *Aux bons enfants*, » prêt, acte
Puech, 9 mai 1787   30   v   »

Sur Antoine Barry, négociant,
fabricant à Villevieille, prêt, acte
Puech, 30 septembre 1788. . .   50   »   »

Sur Jean Rouzier, de Sommières,
acte Chrestien, 24 juin 1741. .   31   »   »

Sur Jean Chevalier. tonnelier, et
Jean Roux, teinturier, par moitié,
acte Chrestien, 23 juin 1731. .   30   »   »

Sur François Peyre, tanneur, acte
Chrestien, 10 mai 1733   20   »   »

Sur Paul Vidal, meunier au moulin de Pattus, acte Chretien,
28 juin 1731, représenté par
François Ducros, son acquéreur.   8   »   »

Sur Elisabeth Paulet, épouse
Claude Guérin, acte Chrestien.
4 octobre 1745.   10   »   »

A reporter . . . . . 2,489 l. 8 s. 2 d.

Report . . . . 2,489 *l.* 8 *s.* 2 *d.*

Sur le corps des chirurgiens, acte Puech, 15 avril 1782 (1). . . .   10   »   »

Sur André Méjean, hôte du logis le « *Luxembourg,* » achat de l'ancien Hôpital à côté de son moulin à huile, acte Poujol, 19 août 1772.   200   »   »

Sur Laurens Clavière, de Garrigues, vente d'une terre, acte Poujol, 14 août 1773   15   »   »

Sur Charles Berchambet, chirurgien, 2 billets controlés, 24 août 1775   20   »   »

Sur Nicol et sa sœur Madeleine, de Lèques, acte Favas, 30 août 1746   28   2   »

Sur Pierre Bernard, dit Patience, près de la métairie de Barbut, prêt, acte Chrestien, 7 septembre 1746   25   »   »

Sur Jacques de Laroque, seigneur de Monteil, acte Puech, 2 septembre 1755   60   »   »

Sur Joseph de Gevaudan, seigneur de Boisseron, prêt de 500 livres, acte Puech, septembre 1750 (mourut insolvable). . . . . .   «   »   »

____

A reporter . . . . . 2,847 *l.* 10 *s.* 2 *d.*

____

(1) Solde d'une créance sur le corps des chirurgiens de Sommières qui avait emprunté à l'Hôpital une somme de 300 livres pour acheter deux offices d'*Inspecteur* et de *Contrôleur* créés pour le dit corps par l'édit de février 1748. Acte Poujol, 11 juillet 1717.

Report . . . . 2,847 *l. 10 s. 2 d.*

Sur le chevalier de Bozanquet,
acte Vitalis 3 septembre 1664 .   6   »   »

Sur Bazelly et Treize, son gendre,
acte Durane, 9 novembre 1768.   16   »   »

Sur Thomas Bruguière, chirurgien,
un billet du 17 avril 1771. . .   15   10   »

Sur Louis Nouguier, tonnelier à
Sommières   60   »   »

Sur les hoirs Antoine Méjean, de
Montpellier, par cession de Jean
Bresson, ancien trésorier de
l'Hôpital, acte Poujol, 8 juillet
1790, pour déficit dans sa ges-
tion constaté en 1789   200   »   »

Total des revenus de l'Hôpital
en 1789 . . . .   3,145 l.   0 s. 2 d.

Il y avait bien encore une rente de 350 livres due par
le sieur de Coste, grand prévôt de la Maréchaussée de
la Province, depuis 1785, mais les arrérages des deux
premières années seules furent payées, et il fallut
ensuite 54 années de poursuites judiciaires pour obtenir
enfin, en 1841 seulement, le remboursement du
capital. Les intérêts de ces 7,000 francs furent entièrement perdus pour l'Hospice, de 1788 à 1841.

Nous dirons à la deuxième partie « *l'Hospice pendant*
» *la Révolution française,* » ce que devint la majeure
partie de ces revenus.

Etablissement charitable fonctionnant parallèlement à l'Hôpital, avant la Révolution française.

MONT-DE-PIÉTÉ. — Jusques au XIXe siècle, il avait été d'autant plus difficile à l'Hôpital de vivre de ses propres ressources qu'il supportait également la charge de secourir les nombreux pauvres de la ville. L'institution d'un *Bureau de Bienfaisance,* indépendant de l'Hospice, ne remonte en effet qu'aux débuts de notre siècle. Aussi la charité publique toujours en éveil, s'ingéniait-elle pour trouver les moyens de ne pas mesurer trop parcimonieusement ses aumônes.

Bien que l'établissement général des *Monts-de-Piété* en France ne remonte guère qu'au milieu du règne de Louis XV, l'idée, qui venait d'Italie et d'Espagne, en avait été déjà proposée aux États-généraux de 1614 ; mais les Évêques et le Tiers-État l'avaient alors repoussée en disant « qu'il y avait bien assez d'usuriers » en France et que c'était impiété et abus. »

Cette idée, pourtant aussi morale que pratique, n'a donc germé que très lentement et ce n'est pas sans une certaine satisfaction que nous l'avons trouvée appliquée à Sommières dès l'année 1677, c'est-à-dire plus de cinquante ans avant son adoption générale en France et juste cent ans avant Paris.

En 1677, en effet, remonte la création du Mont-de-Piété, ou Bureau de prêts sur nantissement qui, sous le nom de *Confrérie de Notre-Dame de Bon Secours,* fonctionna dans notre petite ville jusqu'après la Révolution française, sans avoir subi d'autre modification que celle de son nom.

Le bureau était régi par les directeurs de l'Hôpital qui étaient alors MM. Ducros, de Bérard, Gautier,

Guillot, Montaud, Persin, de Villevieille et Codur, vicaire.

La caisse fut confiée à M. Terrien ; il en demeura chargé jusques en 1723, c'est-à-dire pendant 46 ans. Tout de suite, elle fut pourvue d'une petite dotation faite de dons particuliers. Un petit registre de cette annexe de l'Hôpital nous a conservé les noms de tous les donateurs ; on y voit inscrits :

Mme de Montpezat, pour	110 livres.
Mme de Villevieille, sa sœur	33 »
Mme de St-Martin	11 »
M. l'abbé de Villevieille	60 »
M. Gaulier, l'aîné	9 »
M. le prieur de Gaillan.	30 »
M. Ducros	3 »
M. Montaud, tanneur	6 »
M. de Nogaret	6 »
M. de Bérard, docteur et avocat. . . .	50 »
M. de Montredon.	10 »
M. Guillot	11 »
Anonyme.	1 l. 10 s.
Gillot, tailleur.	20 »
M de Villevieille, père.	11 »
M. Terrien	33 »
Soit un total de	404 l. 10 s.

que l'on renferma dans un coffre en bois de noyer construit exprès pour serrer le numéraire et conserver le dépôt des gages.

D'après le susdit registre, il semble bien que ce nouveau mode de bienfaisance n'entra pas d'emblée dans le goût de la population nécessiteuse. Pour se décider à y recourir, le peuple dut éprouver de longues répugnances : Avant la date de 1703, en effet, aucune avance sur gage n'est consignée sur le petit livre de

M. Terrien : de 1677 à 1702, cela formerait un intervalle de 25 années écoulées entre la création de la caisse et son premier signe de vie. Le mouvement commença par un prêt en faveur de « *dône Thomasse, d'Aubais,* » retirée à Sommières du temps des Camisards (1) » en échange d'un nantissement constitué par *deux bagues d'or monté sur doublé.* Le prêt qui suit date de 1700 ; le troisième, de 1712 ; le quatrième, de 1714..... Le caissier avait des loisirs. En poursuivant, nous ne comptons que 23 déposants de 1715 à 1722. Mais à partir de ce moment jusques en 1758, nouveau sommeil de 36 années, et encore l'inscription de 1758 est-elle unique cette année-là, comme le sont d'ailleurs toutes celles des 19 années qui suivent. A partir de 1777, un peu plus d'animation règne autour de la petite caisse : en 4 ans, 4, 5, 3, 7 déposants viennent s'y pourvoir ; on en compte 11 en 1783 et 15 l'année suivante ; un seul, de 1784 à 1788 ; mais à ce moment, 5 demandes se produisent ; puis, 12 en 1789 ; 9 en 1790 ; 5 en 1791 ; l'année 1792 fut la plus chargée, avec 15 inscriptions. Les années 1793 et 1794 virent s'effectuer 10 dépôts. Puis ce fut tout, jusques en 1813. Le dernier prêt eut lieu en 1814.

Bien que très peu active, comme on vient de le voir, l'institution du Mont-de-Piété à Sommières semble pourtant y avoir rendu quelques services. Les cahiers de prêts et de remboursements nous édifient sur le mode d'administration de ce bureau. Une petite armoire à tiroirs, munie de deux clefs, recevait les objets déposés par des veuves, des femmes d'ouvriers, des artisans ; sur le cahier de prêt figure même, sans

---

(1) On sait que les troupes de Cavalier vinrent exercer leurs sanglantes représailles, en passant par Aubais, jusque sous les murs de Sommières, où elles brûlèrent la porte du Bourguet, en 1703.

qu'il y soit nommé, un *ancien militaire pensionné* qui reçoit, sur la demande et par l'intermédiaire du maire, la modeste somme de 30 francs, promettant de la rendre dès qu'il touchera le premier quartier attendu de sa pension.

Les ecclésiastiques, les médecins remplissaient très souvent le rôle d'intermédiaires : M. Gausson, maître chirurgien, apparaît fréquemment durant plusieurs années (de 1792 à 1794) comme emprunteur au nom de pauvres honteux. Il dépose en gage tantôt un anneau d'or, une croix d'or, un cœur voûté, un *clavier* en argent, des boucles d'oreilles. des ustensiles d'étain, même un chaudron ; parmi les bijoux, quelques uns sont engagés à plusieurs reprises : un hochet d'enfant avec grelots en argent, sur lequel on prête tantôt 10, tantôt 15 francs et plus tard jusqu'à 100 francs et même 200 francs en assignats. Au cours de la seule année 1792, ce jouet fait quatre fois le trajet du Mont-de-Piété à la maison de son pauvre propriétaire, tandis qu'une croix d'or ornée d'un Saint-Esprit revient jusques à 14 fois, dans l'espace de 2 ans, toujours discrètement apportée par la main secourable du maître-chirurgien déjà cité.

En 1791 le fonds de réserve n'étant plus que de 267 l. 7 s. 6 d., Madame de Viellevigne donna pour le relever à son premier niveau la somme de 133 livres.

Pendant les 130 années que dura son existence, la caisse de Notre-Dame-de-Bon-Secours fut administrée d'abord, par M. Terrien, comme nous l'avons dit ; en 1746 ce fut le tour de M. Daraussin aîné, l'un des administrateurs de l'Hôpital, remplacé, 10 ans après, par M. Pons Chrestien, avocat à Sommières. Ce dernier fut relevé de cette charge, le 1er août 1791, par le citoyen Caumel qui, conjointement avec les citoyens David Charles et Berchambet, arrêtent les comptes de

Pons Chrestien. Les fonds consistaient alors en la somme de 600 l. 8 s. dont Pons Chrestien justifia l'emploi en présentant 42 paquets de gages, sur lesquels il avait placé 519 l. 16 s. plus un billet de 38 l. et un rouleau de monnaie valant 42 l. 12 s. La caisse prit alors le nom de *Caisse de Bon Secours*.

Après 6 années d'administration, le 20 prairial an V, le citoyen Caumel, demandant à prendre sa retraite, déposa 14 paquets de gages, chacun numéroté, avec indication du nom du déposant et du montant de la somme prêtée : le total des avances s'élève à 113 l. 4 sous ; il existe en caisse 16 l. 4 s. en numéraire, et 470 l. 10 s. en assignats, « dont la valeur est parfai- » tement nulle, » fait observer le citoyen Caumel.

De cette époque à 1814, la caisse de Bon-Secours ne fonctionna plus que deux fois encore et vint définitive- ment se fondre dans la nouvelle création du *Bureau de Bienfaisance* au profit duquel furent vendus les gages non réclamés. Quant aux assignats, on les relégua dans un coin des archives de l'Hôpital, où l'on peut encore les voir aujourd'hui.

SECONDE PARTIE

L'Hospice pendant la Révolution Française

ADMINISTRATION. — FINANCES. — CHARGES. — PERSONNEL
HOSPITALISÉ. — MÉDECINS, PHARMACIENS.

ADMINISTRATION. — Le calme le plus complet semblait régner parmi les membres administrateurs de l'Hôpital pendant les premiers jours de la Révolution, alors que commençaient à gronder au dehors les souffles précurseurs de la tempête politique. Les délibérations se poursuivaient sans préoccupation apparente, avec le même esprit de charité. Les premiers symptômes de trouble apparaissent avec quelque évidence dans la réunion du 27 décembre 1789 ; très peu de membres répondent à la convocation du Président.

L'objet à discuter méritait cependant l'attention de tous : un décret de l'Assemblée Nationale, sanctionné le 9 octobre dernier par le Roi, faisait appel au patriotisme de la Nation pour rétablir la France dans l'équilibre de ses finances et préparer ses armements ; « chacun, ordonnait le décret, était tenu de souscrire » un don patriotique en rapport avec sa fortune ; » seuls, ceux dont le revenu n'excède pas 400 livres, » et les hôpitaux, ne sont pas assujettis à cette propor- » tion, mais restent libres de la fixer selon leur » volonté. »

Quatre administrateurs seulement se trouvèrent réunis pour délibérer : le syndic Puech, de qui émanait

la convocation, Girard, Carrieu et le trésorier
Bruneton (1). Toute décision fut donc renvoyée à une
autre date, et c'est le 26 février 1790, c'est-à-dire
deux mois après seulement, que fut reprise cette délibération, mais avec de nouveaux éléments introduits par la
municipalité dans l'ancienne commission administrative
dès lors composée de MM. de Provence, F. Touzellier,
Louis Flaissier, Albigeois, Lafont, Nicol *le jeune,*
auxquels furent adjoints Méjean, et Jean-Louis-Dumas,
officiers municipaux. « L'Hôpital, dirent-ils, malgré sa
» pauvreté et l'extrême irrégularité que mettent ses
» débiteurs à s'acquitter envers les pauvres, tient à
» honneur de mettre son concours au service de la
» Patrie ; il le fera dans la mesure de ses faibles forces. »

Et faible en effet fut le sacrifice : la commission
déclare donc à la municipalité qu'elle souscrit une
offrande de 104 l. 1 s. 6 d., laquelle compose l'entière
annuité d'une rente échue depuis le 8 avril 1789 et
encore due par le Roi à l'Hôpital qui la tient de feu
Jacques Daroussin en vertu d'un testament reçu Ponjol,
notaire, le 6 septembre 1786.

Cet abandon volontaire, sous forme de *contribution
patriotique,* de la part de nos administrateurs n'était
certainement pour le roi qu'un secours négatif, mais
pourtant un réel sacrifice pour l'Hôpital, qui, dans ce
premier retard apporté au paiement des rentes sur
l'État (la Province alors) aurait pu voir le présage et
l'avènement prochain de sacrifices autrement lourds
pour ses finances.

Puis, les réunions ordinaires du Bureau se poursui-
vent sans notable changement parmi ses membres ; le
bailli, Pons Chrestien, les présidait encore, mais ce fut
pour la dernière fois, le 7 octobre 1790. Quelques jours

____

(1) Voir 1re partie, ch. II, p. 35.

après, l'organisation municipale était transformée : au lieu d'un bailli, un maire, le citoyen Oubxet, occupe la présidence, Pons Chrestien restant néanmoins comme simple administrateur; trois officiers municipaux Remézy, David Charles, Penchixat assistent aux séances, mais le reste du Bureau ne change pas.

En 1792, c'étaient encore à peu près les mêmes noms : on voit alors le registre des délibérations signé de F. Touzellier, Pons Chrestien, Carrieu, Nicol le jeune, Favant aîné, Ribot, pasteur, J. Franc, administrateurs, et plusieurs officiers municipaux : Vidal, François Ducros, Penchinal, Gixoulhac, Viger et Jean-Louis Dumas, ce dernier qualifié de Procureur de la commune : son rôle était prépondérant dans le Bureau.

Vers la fin de 1792, se rencontrent les signatures de Poussigue aîné, Girard, Lafont, d'Albexas jeune (il signait alors Dalbenas), Caumel, le curé Cardon (1), et le pasteur

---

(1) Ce curé Cardon, « venu on ne sait d'où » à la veille de la suppression des cultes, apparaît une ou deux fois aux réunions de l'Hôpital, pérore dans les clubs et, finalement, part en qualité de capitaine à la suite de l'armée des Pyrénées. Nous lisons à son sujet dans les *Archives de la Mairie :* Le 30 juillet 1791, la commune de Sommières est informée que son nouveau curé arrive par Congénies. Le Conseil s'assemble aussitôt « M. Berchambet, » procureur de la commune, propose, afin de recevoir dignement » cet ecclésiastique qui a prêté le serment civique, pour lui faire » honneur et lui témoigner la vénération dont il jouira dans sa » paroisse, d'envoyer une escorte de dragons municipaux qui » l'accompagnera jusqu'à Sommières où la municipalité se portera » tout entière à sa rencontre, le recevra à l'entrée de la ville et le » conduira en grande pompe à la maison curiale, pendant que » la garde-nationale tirera des salves d'artillerie. » Ainsi fut fait. — Mais à peine installé, le curé constitutionnel ne trouva plus de chantre pour chanter au lutrin. La commune se vit obligée de lui en nommer un d'office et à ses frais. *Arch. municipales.*

Nous possédons une brochure de 6 p. in-8°, intitulée : *Adresse à l'Assemblée nationale par les Amis de la Constitution, de Sommières, délibérée dans la séance du 19 juin l'an quatrième de la Liberté —* Et jamais deux Chambres. Dans cette adresse, on remarque la phrase suivante : *La nation veut savoir une fois pour toutes si Louis XVI est le Roi des Français ou le Roi de Coblentz.* La brochure est signée : Cardon, *curé président*; Landrau ; Dalbenas, *secrétaire.*

Ribot, Landrau, secrétaire depuis plusieurs années, Puech, syndic, et Bruneton, trésorier.

Mais tout-à-coup, le 21 juin 1793, le libellé d'une délibération commencée s'arrête brusquement à la seconde ligne et termine le registre dont toute la suite reste en blanc. La Convention venait de faire table rase des anciens rouages ; l'administration municipale est provisoirement substituée à l'administration hospitalière ; elle dissout le Bureau, nomme pour trésorier le citoyen Daniel Nicol et confie les archives au citoyen Dalbenas qui les emporte en sa demeure de Puech-Bouquet. Il n'en resta pas longtemps le dépositaire.

Arrêté, comme tant d'autres bons français, sous le régime de la Terreur inauguré dans le département du Gard par le terrible conventionnel Borie, Dalbenas fut écroué avec une trentaine de Sommiérois, d'abord au château de la ville, et de là conduit aux prisons de Nîmes. Il n'en sortit, avec eux, qu'après le 9 thermidor, à la chûte de Robespierre.

Parmi ceux des administrateurs de l'Hospice emprisonnés avec Dalbenas, se trouvaient Jean-Louis Dumas, procureur de la commune, et Ribot, procureur-syndic du district de Sommières. Accusés eux aussi de *fédéralisme* et voués à une mort certaine, ces honnêtes citoyens ne durent leur salut qu'à une circonstance toute fortuite.

Au nombre des prisonniers incarcérés au fort de Nîmes sur l'ordre du *Comité de Salut Public* figuraient Chabaud-Latour et Guizot (1), fils aîné de Jean Guizot pasteur à St-Geniès-de-Malgoires mort en 1766 et père du célèbre historien, François Guizot. Leur surveillance était confiée à la garde nationale de Nîmes. Une nuit, le garde en faction devant la porte de leur cachot l'ouvrit

____

(1) Guizot avait été maire de St-Geniès en 1700 et président du comité de la fédération de la Gardounenque.

et offrit aux détenus de favoriser leur fuite. Chabaud-Latour et quelques autres mirent sans hésitation à profit cette occasion providentielle, mais Guizot, fort, disait-il, de sa parfaite innocence, refusa de les suivre. Mal lui en prit, car dès le lendemain il payait de sa tête sa trop naïve confiance. L'évasion de Chabaud-Latour et de ses codétenus porta un moment de trouble dans les décisions du Tribunal Révolutionnaire : il fut sursis au jugement des autres prévenus ; et ce fut précisément durant cet intervalle que survinrent le 9 thermidor et la mort de Robespierre entraînant dans sa chute la mise en liberté de tous les prisonniers politiques (1).

Entre temps, la commune de Sommières continue de gérer les affaires de l'Hôpital, dont les biens ne furent pourtant pas mis en régie, comme tant d'autres. Elle avait conservé pour caissier Daniel Nicol, qui payait les dépenses courantes.

Cet état dura jusques au 26 floréal an 5 (14 juin 1797). En exécution de la loi du 26 vendémiaire de la même année, de nouveaux administrateurs, au nombre de cinq, furent nommés par arrêté du 7 brumaire suivant.

L'administration hospitalière retrouva dès ce moment son autonomie sous la direction des citoyens Jean Chrestien aîné, Pierre Oubxel, Louis Bonnaure, Pierre Ribot et Marcel Gautier (2), qui, l'année suivante, fut remplacé par André Castan.

---

(1) Le garde-nationale, auteur de l'évasion de Chabaud-Latour, fut un Nîmois du nom de David Laporte, qui vint plus tard s'établir au Vigan, d'où la persécution religieuse de 1815 le força de s'expatrier en Amérique. C'est de son fils, David-Casimir Laporte, grand-père de mes enfants, que je tiens ce récit. Quant aux heureuses conséquences de cette évasion, pour Ribot, je les trouve dans une brochure publiée, sous le titre de Un pasteur inconnu, et extraite elle-même d'un journal religieux : *Le Disciple de Jésus-Christ,* 1858, par Adrien Marchand, pasteur à Sommières, qui fut le gendre de Ribot.

(2) La famille Gautier, dont nous avons plusieurs fois rencontré le nom, s'est éteinte en la personne de Mlle Gautier, femme du chirurgien Bruyère et mère du général Bruyère comte de l'Empire.

C'est alors que l'Hôpital prit le nom d'*Hospice civil;* il avait, pendant les quelques mois d'enthousiasme révolutionnaire à outrance, porté celui d'*Hospice Marat.*

Aussitôt installée, la nouvelle Commission s'organise ; elle élit pour son président le citoyen Pierre Ribot, Jacques Viel pour secrétaire et Daniel Nicol pour receveur.

Trois ans après, un commissaire fut spécialement chargé de la surveillance des hospices. Le 12 fructidor an 10 (1802), le maire de la ville de Sommières, M. Viger, annonçait en ces termes à l'Administration hospitalière la nomination de Jean-Louis Dumas à cette fonction nouvelle :

« Citoyens-administrateurs — J'ai l'honneur de vous
» transmettre ci-joint un arrêté du préfet relatif à la
» nomination des commissaires nommés pour suppléer
» les sous-préfets du département dans la surveillance
» des Hospices. — Vous verrez avec autant de plaisir
» que moi, que le citoyen Jean-Louis Dumas fils, notre
» concitoyen, membre du Conseil général du Gard, est
» celui nommé pour l'Hospice de cette ville. Vous
» savez, citoyens-administrateurs, combien vous avez
» lieu de compter sur le zèle, les lumières et le
» dévouement de ce généreux citoyen. Il sera très
» propre à seconder les efforts constants que vous
» faites pour parvenir efficacement au soulagement de
» nos frères infortunés. » Cette institution d'un commissaire chargé de surveiller les hôpitaux ne fut pas de longue durée.

Les archives de l'Hospice avaient été solennellement rapportées de la mairie et remises à la nouvelle com-mission par le citoyen Viel, agent municipal.

Finances.— Dès l'abord, les nouveaux administrateurs se préoccupent de la détresse des pauvres et des moyens de pourvoir à leurs pressants besoins : en attendant que l'Hospice soit rétabli dans la jouissance de ses revenus, ils demandent à la municipalité de leur délivrer une somme de 500 livres, qui, d'après l'avis de l'Administration centrale du département en date du 30 vendémiaire an 5, aurait été mise à sa disposition par le ministre de l'intérieur, pour la part revenant à Sommières dans la répartition d'une somme de 30,000 francs accordée à titre de secours aux Hospices du Gard; en même temps, ils invitent en termes pressants et formels les particuliers, débiteurs de rentes envers l'Hospice, d'avoir à s'acquitter dans le délai de huitaine.

Rentes sur l'État. — La Commission avait certes bien le droit d'insister auprès de ces débiteurs négligents : leurs dettes constituaient à peu près la moitié des revenus des pauvres, soit 1,560 fr. de rentes ; mais l'autre moitié, 1,586 fr. leur était due par l'État en représentation de l'ancienne Province ou de la commune de Nîmes. Or ni les uns, ni les autres n'avaient hâte de s'acquitter.

Par son décret du 15 août 1790, en effet, l'Assemblée nationale avait déclaré se charger du paiement des rentes échues au 1er juillet dues par le Roy et par les anciennes Provinces aux Hôpitaux, Fabriques, etc... mais ce décret ordonnait en même temps aux détenteurs de pareilles rentes d'avoir à produire leurs anciens titres afin de les soumettre à la révision du *Comité de liquidation* à Paris.

Nos administrateurs s'étaient conformés avec empressement aux prescriptions de la loi : leurs titres, transmis à un commis du trésorier de la Province à Montpellier, furent par celui-ci adressés à un second mandataire, un sieur Praval, de Paris, qui devait en faire le dépôt entre les mains du *Comité de liquidation.*

Mais la recherche de ces anciens titres épars chez divers notaires, puis leur envoi par un si long détour et tant d'intermédiaires, le défaut à Paris d'une organisation spéciale à une opération si nouvelle et si compliquée, les difficultés enfin de toute nature que dut rencontrer le *Comité*, et, par-dessus tout, le désarroi des finances publiques, entraînèrent une si longue perte de temps que, de ses revenus sur l'Etat, l'Hospice de Sommières n'avait encore rien touché en 1806.

Valeur des Assignats. — Il ne lui restait donc pour toute ressource que les rentes sur particuliers. Mais à ce moment de réorganisation générale, il pleuvait des décrets et des lois. La Convention venait de supprimer les rentes féodales : du coup, toutes les censives avaient disparu ; puis, le 18 décembre 1790, était survenu un décret autorisant le rachat des autres rentes, quelle qu'en fut la nature. Aussitôt, la plupart des débiteurs profitant de l'abondance du *papier-monnaie*, dont à bon droit on redoutait la dépréciation prochaine, se hâtèrent de se libérer ; la plupart des rentes dues à l'Hospice lui furent alors remboursées en *assignats*. Ce fut pour notre établissement une perte bien autrement sensible que celle de ses droits féodaux (censives et lods) : En deux ans (1792 et 1793), seize débiteurs s'étaient libérés d'un capital de 14,000 francs, au moyen d'assignats qui jouissaient encore de toute leur valeur légale mais qui, deux ans plus tard, n'en conservaient à peu près plus aucune. Nous donnons en note (1) le détail de ces libérations.

------

(1) *Etat des anciennes* RENTES *remboursées en* ASSIGNATS *par certains débiteurs de l'Hôpital, en 1792 et 1793.*

Antoine Viger, fabricant, et les arrérages depuis 1785 . . . . 50 l. » »
Jean Isaac Lafont, hôte du logis *Au Cheval Blanc*. 115 » »
A reporter . . r . . 165 l. » »

La comptabilité hospitalière de l'an IV (1795-1796) va nous fournir un curieux exemple de ce rapide effondrement : le receveur, Daniel Nicol, à la fin de cette année-là, soumet ses comptes à l'approbation de la Commission administrative. Sa recette, *en numéraire*, y figure pour. . . . .   2 fr. 25 c. (1).

et en *assignats* pour. . . . . .   13,544 fr. 70 c.

       Total. . . . . . .   13,546 fr. 95 c.

La dépense, entièrement soldée en *papier*, se totalise par. . .   11,423 fr. 75 c.

ce qui donne un excédant de recette de . . . .   2,123 fr. 20 c.

dont 2 fr. 25 c. en numéraire, avons-nous dit, et. . . . . .   2,120 fr. 95 c, en assignats.

Naïvement, le receveur dépose entre les mains de la Commission la somme en papiers, qui n'avaient déjà

	l.	s.	d.
Report	*165*	»	»
Henry Franc, hôte du logis *Au Soleil*.	59	3	8
Jean Allier, négociant.	18	7	6
Jacques Thérond, maire de Calvisson.	25	»	»
Pierre Rouvière, épicier à Sommières	50	»	»
Jacques Etienne Aubanel, négociant	60	»	»
Beaucourt, marchand, par Joseph Gout. . . .	27	10	»
Bruguière, fils aîné, et veuve Bruguière . . .	10	»	»
Jean Roux, teinturier, moitié d'une rente de 30 l.	15	»	»
Paul Vidal, foulonnier	8	»	»
Elisabeth Paulet, épouse de Claude Guérin . . .	10	»	»
André Méjean, hôte du logis *Le Luxembourg*, par sa veuve et son fils, rente au capital de 4,000 l. et les arrérages dus depuis 4 ans. . .	200	»	»
Charles Berchambel, chirurgien	20	»	»
Pierre Bernard, dit Patience, à Belleau.	25	»	»
Mme de Bozanquet.	6	»	»
Total des rentes remboursées en assignats. .	699	1	2

    soit pour près de 14,000 fr. de capital.

(1) Cette année-là, une quête au profit des pauvres par la municipalité avait produit ces 2 fr. 25 en espèces et 8,086 fr. 75 en assignats représentant en monnaie métallique la somme de 29 fr. 60 c.

plus cours dans le public, et se charge en recette des 2 fr. 25 c. en espèces. Puis, les comptes ainsi réglés et approuvés par le Bureau sont transmis à la Préfecture.

Mais l'autorité supérieure ne l'entendait point ainsi : « attendu, répond un arrêté préfectoral, que toute » dépense doit être régulièrement mandatée et qu'un » comptable n'a point le droit de disposer des fonds » qu'il a en caisse sans, au préalable, en avoir reçu » mandat, le receveur de l'Hospice de Sommières est » chargé en recette de la somme de 2,120 fr. 95 en » assignats ; la transformation de cette somme en » numéraire doit être calculée comme suit : 2,120 f. 95 » *en assignats*, réduits au trentième de leur valeur » nominale, produisent celle de 70 fr. 70 c. ; d'après » l'arrêté du Directoire exécutif du 6 vendémiaire an 5, » le cours des *mandats*, proclamé par la Trésorerie » nationale, est fixé pendant les cinq premiers jours » du dit mois, an 5, à la somme de 4 fr. 25 c. par » 100 livres ; la somme de 70 fr. 70 c. *en assignats* » devient donc celle de 3 fr. 10 c. en numéraire, dont » le Receveur restera débiteur. » — Et le pauvre Daniel Nicol dut prendre les 3 fr. 10 c. à sa charge.

Cet excellent homme remplissait gratuitement les fonctions de Trésorier depuis le 21 juin 1793. Il était de Lèques, près de Sommières. Après trente années passées à Paris en qualité de *directeur général des comptes de la régie des droits sur les cartes de l'École militaire*, ce vieux serviteur de l'ancien régime, pourvu d'une retraite de quatre mille livres, s'était retiré à Sommières. Au moment de l'arrestation de M. d'Albenas, la commune, dépourvue de trésorier pour l'Hôpital, s'empressait de mettre à profit les loisirs du citoyen Nicol, sa probité, sa bonne volonté doublée d'une longue expérience des chiffres, pour en faire le Receveur des pauvres. Daniel Nicol apportait à la gestion de leurs biens un zèle à toute épreuve.

En 1794, la belle pension de retraite, si laborieusement acquise, qui le mettait dans une situation des plus honorables parmi ses concitoyens, se trouva tout à coup réduite par la Convention et liquidée à l'humble somme de 937 fr. 50 c. et, pendant plusieurs années même, durant les embarras financiers de la République, Nicol ne put toucher que le tiers de cette stricte réduction.

Néanmoins, il continuait son service gratuit aux pauvres. En 1805, la Commission se fit un devoir et se crut en droit de lui allouer une gratification de 600 francs « pour les éminents services qu'il avait » rendus à l'Hôpital, de l'an 2 à l'an 12. » Mais ce généreux mouvement fut arrêté et annulé par une décision préfectorale du 29 juin 1807, sous cette considération que « tous les receveurs ayant été soumis » pendant ces dernières années à l'exercice gratuit de » leurs fonctions, — quelque louable que puisse être la » conduite du receveur Nicol elle ne peut prévaloir sur » le bien des pauvres. »

Et cependant le travail de ce bon vieillard avait été considérable, parfois excessif. Je n'en citerai qu'un exemple ; les comptes du receveur, depuis le 27 pluviose an 10 (1801) jusqu'au 1er janvier 1806, avaient été rejetés par le ministre comme n'étant pas tenus conformément aux nouvelles règles établies pour la comptabilité. Il est certain que, bien que rendus de très bonne foi, ces comptes étaient loin de présenter la clarté qu'exige de nos jours toute administration financière ; il devenait indispensable d'y mettre un peu d'ordre, d'adopter un classement des recettes et dépenses jusqu'alors confondues et reportées d'un exercice à l'autre, sans préoccupation de leurs dates. Mais il était difficile d'obtenir du premier coup une réforme aussi radicale de l'antique routine. Les comptes, partis de l'Hospice pour la préfecture revenaient de la préfecture à l'Hospice, et, chaque fois, avec quelque observation nouvelle. Quand, après les avoir faits et cent fois refaits, le vieux Receveur espérait enfin avoir satisfait aux exigences de la comptabilité nouvelle, on lui retournait encore une fois ses comptes, pour mettre en harmonie avec le nouveau système décimal les anciens poids, les anciennes mesures, les anciennes monnaies. Que de troubles, que d'efforts ! Le malheureux Trésorier était sur les dents !

Mais voici le comble de son infortune ; depuis 1806 sa comptabilité paraissait enfin en bonne forme quand, tout à coup, en résumant ses chiffres des années 1809, 1810 et 1811, le pauvre Receveur s'aperçoit que sa caisse présente un déficit de 2,297 fr. 40 c. Sans hésiter, il vient en faire le loyal aveu à la Commission, attribuant cette irrégularité à son extrême vieillesse, à ses infirmités, peut-être même, dit-il, à la spoliation, constatée par le juge de paix, de sa maison, un jour qu'il était absent, par des voleurs qu'on n'a pu retrouver. Quoiqu'il en soit, le déficit existe et l'honnête comptable le comblera, Sa pension si réduite ne lui permet pas de verser immédiatement pareille somme, mais, comme son honneur l'y oblige, il offre de transférer à l'Hospice la propriété d'une rente de 120 francs qu'il possède sur un sieur Bernard, et dont il a pourtant grand besoin pour vivre. Son offre est acceptée. — En même temps, sentant bien qu'il n'est plus capable d'exercer une charge si périlleuse à son âge, — il avait alors 87 ans, — Daniel Nicol se démet de ses fonctions. La Commission, fort attristée du malheur qui arrive à son Trésorier et de la retraite d'un aussi honnête administrateur, lui en exprime chaleureusement tous ses regrets,

M. Louis Bonnaure, Ordonnateur depuis le 11 juillet 1806, lui succéda comme Receveur ; il le fut jusques en 1828. A partir de cette date, et conformément à l'ordonnance royale du 31 octobre 1821, cette fonction, gratuite jusqu'alors, est confiée au Receveur municipal, qui doit apporter un cautionnement équivalent au dixième de sa recette moyenne et annuelle, contre une remise de 4 °/₀ sur la même valeur.

Revenus en immeubles. — Mais revenons à l'exposé de la situation financière de notre établissement, dont les infortunes de son trésorier Nicol viennent de nous écarter un instant.

Heureusement pour l'Hospice, l'intérêt de ses capitaux, si difficile à recouvrer, ne constituait pas à lui seul la totalité de ses ressources : une part, relativement faible il est vrai, provenait de ses immeubles. Le couvent des anciens Récollets, où les pauvres étaient installés depuis 1772, trop vaste pour leurs besoins, surtout après la suppression de la fabrique de molletons qu'y avait établie M. de Joubert, était en partie loué à des particuliers. La chapelle et la sacristie, transformées aux premiers jours de la Révolution en entrepôt de vêtements militaires, puis en prison pour les soldats étrangers, furent, avec le jardin, données en location au citoyen Bresson pour servir de magasin à laines : il en payait 100 fr. par an ; plus tard, ce prix fut doublé par Aubanel aîné qui affecta les deux locaux au même usage.

Le citoyen Lavent établit une école publique dans plusieurs des salles du premier étage et s'y installa, au prix de 220 francs par an.

François Descous, cafetier, occupait en guise de cave un ancien local de la Manufacture, dit *la Pilerie.* Il en payait 24 francs.

Vidal Fabre louait la cour du nord pour 10 francs par an ; enfin, comme on l'a dit déjà, le *Bureau de la poste aux lettres* était établi sur le Bourguet, dans une étroite pièce entre l'église et la maison voisine ; il en payait 25 francs.

Outre les revenus de son immeuble, l'Hospice jouissait d'une rente de 350 francs provenant de la maison Nazon dont les loyers lui appartenaient. On se rappelle que, par testament du 3 septembre 1750, demoiselle Marie Gourgas, épouse du docteur Antoine Nazon, alors médecin à Sommières, avait légué à son mari la jouissance de ses biens et après lui, leur entière propriété à l'Hôpital qui devait payer à leur fils, médecin comme son père, une rente de 50 francs, reversible sur ses descendants tant qu'il y aurait un Nazon médecin au service des pauvres. A la suite d'un accord survenu vingt ans après, entre l'Hôpital et Jean Nazon, la succession de Marie Gourgas fut liquidée à la somme de 4,738 l. 4 s., et Jean Nazon, pour représenter l'intérêt de ce capital, cédait aux pauvres le prix des locations de sa maison située place aux Herbes. Depuis 1770, cet immeuble produisait 350 liv. de loyer. Il fut vendu en 1801 à Jacques Persin.

C'est donc avec d'aussi faibles ressources (moins de 1,000 francs de revenus) que la nouvelle administration républicaine devait faire face aux charges qui lui incombaient de partout. Elle y parvint cependant par des prodiges de dévouement et de charité (1).

---

(1) Voici, extrait d'un Exposé de la Situation de l'Empire Français (1806 et 1807), un pompeux *Hommage rendu au zèle des Administrateurs des Hospices et Bureaux de Bienfaisance :*

« ..... Honneur soit également rendu à ces administrations
» respectables qui, d'une extrémité de la France à l'autre, se
» dévouent pour soulager le malheur, pour consoler la souffrance !
» Il est doux en cette circonstance solennelle, de rendre hommage
» au zèle de ces pères du pauvre, qui, en faisant le bien, ne
» cherchent d'autre récompense que la jouissance de l'avoir fait :
» Ils y ajouteront encore ! L'Empereur l'attend de leur zèle : chaque
» jour ils porteront un ordre plus parfait dans le régime des
» Hôpitaux, une nouvelle économie dans l'emploi de leurs
» revenus. »

Charges. — *Militaires.* — La ville de Sommières, par sa situation géographique, se trouvait sur la route de tous les militaires parcourant le Midi ; son Hospice était envahi par un flot de soldats malades qui tombaient en chemin, qu'il devait à tout prix recueillir, soigner, guérir, ou, trop souvent, hélas ! porter en terre.

Conformément à la loi du 20 septembre 1792, l'*Hospice Marat* déclare que, durant trois mois, du 23 thermidor an II au 1er frimaire an III, quatre-vingt dix décès se sont produits parmi les soldats qu'il a recueillis. C'est effrayant ! La plupart appartenaient à l'Armée des Pyrénées. Consumés par la fièvre, ils propagèrent cette maladie, qui de l'Hôpital, se répandit en ville où elle ne s'éteignit qu'en 1806 ! Ni la dévouement, surexcité par l'idée de la patrie en danger, ni les soins exigées par leur triste état ne manquaient à tant de malheureux : une note de leur dépense durant les trois derniers mois de l'an II (1793), constate qu'ils ont consommé 226 livres de viande, 102 bouteilles de vin, du poisson et même de la patisserie prise chez le citoyen Stoupan. Il y avait parmi ces malades des hommes de Sommières, des soldats du 6e bataillon des volontaires de la Haute-Garonne, de l'Aveyron, de la Phalange marseillaise, et même jusqu'à des prisonniers prussiens. Les Hôpitaux de Montpellier déversaient leur trop plein dans celui de Sommières.

Le plus grand désarroi régnait partout. L'état des entrées, celui des sorties par décès ou autrement, étaient loin d'être régulièrement dressés et transmis à qui de droit, malgré les appels énergiques et parfois suppliants venus de haut lieu. Voici une circulaire qui donnera, par son style, par les ordres qu'elle dicte et par les sentiments qu'elle exprime, une image fidèle du trouble et de l'état de surexcitation des esprits à cette époque héroïque :

La Montagne, 1er germinal, 2me année républicaine.

Les Administrateurs du district de la Montagne au directeur de l'Hôpital de Sommières.

La loi du 4 mai, vieux style, relative aux secours à accorder aux pères et mères, femmes et enfants indigents des défenseurs de la Patrie, se trouve tous les jours entravée dans son exécution par l'impossibilité de pouvoir se conformer à l'art. 11 de la loi, les uns par une ignorance volontaire ayant négligé une correspondance suivie avec ceux qui ont volé aux frontières, tandis que ceux-là même sont peut-être forcés de garder le silence que la mort, les maladies ou enfin l'impossibilité de communiquer, étant au pouvoir de nos cruels ennemis, leur commandent impérieusement.

Nous ne pouvons cependant plus vivre dans cette alternative cruelle et affligeante pour nos cœurs. Un seul moyen nous promet un terme à nos sollicitudes. Tu peux les calmer en parties en nous envoyant sans délai l'état détaillé des volontaires de notre district malades ou morts dans l'Hôpital de ta direction.

Nous attendons tout de ton zèle, qu'il est inutile sans doute de rappeler, pour un motif qui devient si intéressant pour l'humanité.

(Signés) *D. Sarrus, Inglas, Delmas ad', Mercier.*

De son côté, le Ministre de la guerre réclamait de la charpie, du vieux linge ; à Sommières les habitants fournissaient le salpêtre de leurs caves pour la fabrication de la poudre. On manquait de tout, on faisait feu de tous bois.

Un magasin militaire de vêtements avait été établi dans la vaste chapelle de l'Hospice. Quatre ans après, quand l'ordre commençait partout à s'organiser, la Commission hospitalière demande à l'Administration centrale de lui payer le loyer de ce local qu'elle évalue à 400 francs par an ; elle demande aussi qu'on lui donne partie du linge, qui s'y trouvait encore, pour remplacer le sien, usé presque en totalité au service des « défen- » seurs de la patrie, »

Enfin elle réclame les journées de traitement. Elles sont innombrables ! La Convention en avait fixé le prix à 24 sous pour toute la France, mais le 18 ventôse an V un arrêté de notre administration municipale l'avait porté à 1 fr. 50 « attendu le renchérissement excessif » des denrées. »

Le règlement de cette dette nationale traîna d'autant plus que l'Hospice continuait à traiter les malades militaires et les prisonniers de guerre ; il ne fut à peu près terminé qu'en 1812, sur l'ordre de l'Empereur, et avec quelles pertes pour ce pauvre Hospice Som- miérois ! Tout le capital des rentes sur particuliers qui lui avait été remboursé y avait à peine suffi. En l'an IX (1800), l'État lui devait encore 6,000 francs pour journées de militaires, plus, — depuis 1789, — douze fois les arrérages de ses revenus sur la Province et le Clergé de Nîmes, — soit près de 20,000 francs, qui restèrent à jamais perdus.

Personnel hospitalisé. — Mais les malades militaires n'étaient pas les seuls hôtes de la maison : elle abritait aussi, — c'était son principal rôle, — les malades et les infirmes de la ville. Et comme, dans l'encombre- ment de militaires, la place lui manquait parfois, l'administration louait et payait des chambres chez les particuliers pour ceux d'entre les malades civils qui ne pouvaient trouver asile dans l'Hôpital.

Le 10 vendémiaire an VI (1er août 1797), sept femmes et sept hommes composaient le personnel civil hos- pitalisé, dont la plupart incapables du moindre travail; dans le nombre étaient trois femmes d'invalides que l'Administration résolut de renvoyer aux Hospices de Nîmes.

On leur distribuait par jour une livre de pain fait avec du seigle mêlé par moitié à du froment (1) ; le vin n'était que pour les malades ; chacun avait droit à l'ordinaire quotidiennement fixé à raison de un sou par tête ; six d'entre eux versaient par semaine, entre les mains de la directrice de la maison, 7 sous, qu'on les contraignait de mendier en ville, jusqu'au jour où quelques-uns se révoltèrent contre une pareille exigence du règlement. Ce jour-là on leur supprima le pain. — Un peu plus tard, cependant, lorsque commencèrent à diminuer les charges accablantes de l'Hôpital, on n'exigea plus aucune contribution de leur part, et ces quatorze personnes étaient entretenues, en sus de leur ration ordinaire de pain, au moyen de 21 francs que l'Administration payait chaque mois à la « fille de » service, » la citoyenne Prade, dont nous avons déjà parlé.

---

(1) A cette époque, la disette de blé menaçait la France d'une terrible famine. Pour y parer, les Administrateurs du Directoire de notre Département faisaient des achats considérables de grains qui leur arrivaient par les ports de Cette, de Lunel et d'Aiguesmortes, et le distribuaient aux Administrateurs de districts qui les payaient en assignats, mais pas toujours très régulièrement : une circulaire du 14 ventôse an II (1794) réclame énergiquement contre une telle négligence et ajoute que, seuls, les districts de Pont-sur-Rhône (Pont-St-Esprit) et du Vigan, ont versé dans la caisse du Receveur du district de Nîmes l'intégralité du prix des blés qu'ils ont reçu, l'un pour 11,000, l'autre pour 17,000 francs. — Le 4 germinal an 6, (1798) le citoyen Jean-Louis Dumas, en sa qualité d'Agent national, payait le prix de celui que la commune de Sommières avait acquis, et, de plus, la somme de 3,212 francs pour une partie du grain délivré à l'Hospice. — Pour la régularité de ces distributions, la ville était divisée en sections présidées chacune par un commissaire. Voici un petit document qui nous apprend à la fois et la parcimonie avec laquelle on rationnait les habitants, et le prix fabuleux où était monté le blé, qu'on payait il est vrai en assignats : *2 messidor an III (juillet 1795). — Je soussigné commissaire de la section du Bourguet n° 8, ai reçu de la citoyenne Prade, sœur à l'Hôpital de cette commune, la somme de 146 l. 5 s. pour montant de 65 livres de blé à 45 sous la livre faisant la ration de sept jours pour treize pauvres dudit Hôpital. Grénix, signé.*

L'Administration hospitalière se contenta longtemps encore d'une seule femme laïque pour 'es soins intérieurs de la maison : elle y suffisait amplement d'ailleurs, surtout tant que dura l'extrême simplicité du service que nous avons décrit. Mais en 1846, ainsi que nous le verrons plus loin, il devient impossible, paraît-il, de trouver une servante disposée à endosser une telle charge, et la Commission eut recours au personnel religieux.

MÉDECINS. — Les malades, — aussi bien les pensionnaires de l'Hospice que les indigents de l'extérieur, — recevaient les soins gratuits d'un médecin ou d'un chirurgien, quelquefois de l'un et de l'autre ; Tous se faisaient honneur de prêter leur concours aux misérables. — Pendant la période révolutionnaire il ne restait plus qu'un seul praticien, Pierre Vitou, en état de remplir utilement un pareil service, lorsque s'offrit pour le seconder, le citoyen Marc Dax.

Voici la lettre que celui-ci écrivait à l'Administration hospitalière en motivant sa demande.

Sommières, 23 brumaire an IX (1800).

Citoyens Administrateurs,

Depuis que j'exerce un art capable de mettre souvent une âme sensible à l'épreuve, je n'ai pas trouvé de plus douce compensation aux peines dont ma profession s'accompagne que la faculté de me rendre utile aux indigents. Ce sont de tels plaisirs que je cherche à multiplier.

J'ai appris que votre Hospice était exposé à manquer parfois des secours de l'art de guérir puisqu'il

n'a point de médecin à titre. Si vous daignez, Citoyens,
me charger de cette honorable fonction, ce sera me
récompenser d'avance du zèle que je vous promets et de
mes travaux à venir.

Salut et estime.

Dax, *méd*. (1)

En conséquence de cette lettre, l'Administration
accepte et, dans sa délibération du 29 brumaire, an IX,
nomme comme médecin de l'Hospice civil de Sommières
le citoyen Marc Dax « avec la reconnaissance qu'inspire
» à tous les cœurs l'acte de bienfaisance dont son offre
» fournit la preuve. » — Style et sentiments étaient à
l'unisson.

Pharmaciens. — Nous ne terminerons pas le chapitre
des médecins sans dire un mot de leurs auxiliaires les
Pharmaciens. La fourniture des médicaments aux
pauvres se faisait à prix coûtant, — c'était un vieil
usage, — et, pour s'assurer de la fidèle exécution d'un
tel contrat, la note du fournisseur devait, avant
paiement, passer sous les yeux d'un ou deux de ses
confrères qui la contrôlaient.

---

(1) Le docteur Marc Dax était un médecin distingué, doublé d'un
naturaliste très observateur et judicieux; il a publié plusieurs de
ses travaux dans les Mémoires de l'Académie de Nîmes : en 1809,
*Recherches sur la position respective de la Méditerranée et de
la ville d'Aiguesmortes à la fin du XIIIe siècle*, où, pour la première
fois, il est démontré que les rivages de la mer n'ont point reculé
depuis St-Louis, et où l'erreur, qui a cours encore de ce prétendu
recul est victorieusement réfutée.
En 1810, *Mémoire sur les Bouillens de Vergèze*.
En 1822, *Description d'une roche qui renferme exclusivement des
coquillages fluviatiles et lacustres*. C'est la formation d'eau douce
observée pour la première fois dans le département du Gard, aux
environs de Sommières.
En 1836, dans les comptes rendus du *Congrès de Montpellier*,
le docteur Marc Dax a publié, sur la *Lésion de la moitié gauche de
l'encéphale coïncidant avec l'oubli des signes de la pensée*, un
mémoire remarquable et qui précéda de plus de vingt ans les
observations de l'illustre docteur Broca sur les causes de l'aphasie.

Pendant les dernières années de l'Empire, quand Napoléon Ier eut la prétention d'interdire à tous les ports européens l'entrée des produits coloniaux sous pavillon anglais, — à l'époque en un mot du *Blocus continental,* comme on appelait alors cette mesure qui coûta si cher à la France, — la rareté de certains produits exotiques les poussait à des prix exorbitants.

Le peuple souffrait surtout de la privation de sucre. Un pharmacien de Sommières, le sieur Barnier, eut l'idée de suppléer à la disette de sucre de canne par la fabrication du sucre de raisins. Il vendait ce produit à raison de 18 sous la livre à l'Hôpital, qui en consommait de 25 à 30 livres par an. A Nîmes également, les hôpitaux avaient substitué au sucre colonial le sirop et le sucre de raisins fabriqués par la société Fournier, Quicandon, Roux et Blanc. L'Empereur tenait beaucoup à l'établissement de cette industrie en France, mais elle y fut bientôt détrônée par la découverte du sucre de betterave.

TROISIÈME PARTIE

L'Hôpital après la Révolution Française

§ 1. Sa translation dans l'ancien couvent des Cordeliers. —
§ 2. État actuel de ses bâtiments. — § 3. De son mobilier. —
§ 4. De ses revenus. — § 5. Son personnel ; Aumonier ;
Médecins et Pharmaciens ; Personnel hospitalisé ; Régime
intérieur.

§ 1. TRANSLATION DE L'HOSPICE DANS L'ANCIEN COUVENT
DES CORDELIERS. — D'humble maison hospitalière ouverte
dans l'intérieur de la cité à quelques pèlerins et malades
aux temps primitifs de sa fondation, l'Hôpital de Sommières s'était, comme nous l'avons déjà dit, insensiblement transformé en établissement indépendant. Installé
plus tard hors des murs, il occupa durant plusieurs
siècles un petit local composé de deux pièces, l'une sur
l'autre, faisant face à la place du Bourguet, et appuyé
contre la Coustourelle (voir la première planche) ; en
1715, il avait été transféré plus au nord, dans une
maison dont une partie sert aujourd'hui de moulin à
huile, vers le milieu du *faubourg du Bourguet*, actuellement *rue Émilien Dumas* ; enfin, gêné dans cet étroit
espace, il sut mettre à profit, pour le bien des pauvres,
le départ des moines Récollets, supprimés à Sommières
par ordre du roi Louis XV, et acheta leur couvent.

Il était donc installé dans ce vaste immeuble depuis
1772 et rien ne le pressait d'en sortir, il y trouvait au
contraire toute sorte d'avantages. Mais en 1807, la
Commission administrative, mue par un vif désir de
conciliation entre ceux des deux religions pratiquées à
Sommières, crut devoir, bien qu'un pareil accommodement n'eût rien d'avantageux pour elle, consentir à

l'échange du couvent des Récollets contre l'ancien couvent des Cordeliers. Mais pour comprendre les causes de ce troc, il est nécessaire de reprendre les choses de plus haut.

L'année même de la Révocation de l'Édit de Nantes, en 1685, les protestants de Sommières avaient vu raser leur temple et confisquer l'emplacement sur lequel gisaient ses ruines. Depuis lors, n'ayant plus pour lieu de prière en commun que le *Désert* ils s'assemblaient en plein champ, dans les bois, dans les granges abandonnées. Un siècle après parut l'*Édit de tolérance* qui leur rendit le droit de vivre et d'exister en France, mais sans rien leur restituer des biens matériels qu'ils avaient perdus par la volonté royale. Puis vint le régime de la Terreur où tous les cultes furent compris dans la même proscription ; quelques mois plus tard, la Convention Nationale consacrait le libre exercice en France des religions catholique, protestante et israélite ; enfin le Concordat de 1801 rétablissait en leur faveur toutes les garanties possibles.

Supprimées par la Révolution, les congrégations religieuses avaient abandonné leurs couvents tous pourvus d'une église, devenue par ce fait bien national. Dans le Midi de la France, une foule de ces monuments restaient sans emploi.

A Sommières, outre l'ancienne église paroissiale de St-Pons, s'élevaient l'église des Récollets, acquise en 1772 par l'Hôpital, celle du couvent des Ursulines au sommet de la Taillade, qui servit plus tard de chapelle au Collège, et enfin l'église des Cordeliers, inutilisée pour le moment.

L'ordre des Cordeliers, établi en France vers 1223, était un des *ordres mendiants* qui, d'après les statuts de St-François d'Assises, son fondateur, devait ne rien posséder en propre ni en commun et ne vivre que d'aumônes. Néanmoins, la maison établie à Sommières du vivant même, dit-on, de St-François, jouissait en 1813, suivant Emile Boisson (Histoire *De la ville de Sommières,* p. 103) « d'un revenu de 8,000 livres, somme très considérable pour cette époque » (1). Elle possédait, en outre, de grands biens territoriaux situés autour de son couvent même : à peu près tout le penchant ouest de la Coustourelle contre laquelle il est établi; presque tout l'espace compris entre l'ancien Jeu-de-Ballon et la route actuelle de Sommières à Nîmes, au point où cette route tourne à l'Est pour se diriger en montant vers Villevieille, y compris les terres, maisons et jardins. Tout cela lui appartenait ou lui payait une redevance (2).

Au moment de la Révolution, les Cordeliers ne possédaient plus que des censives sur quelques-unes de ces maisons, et, en fait d'immeubles, que leur couvent, leur église et le grand enclos borné au nord par la route de Nîmes. Après leur départ, ces biens furent mis en vente par la Nation. Le 30 novembre 1790, M. de Roux, maire, proposait en vain à son Conseil d'acquérir le couvent pour le transformer en casernes, afin d'éviter à la ville les loyers si lourds qu'elle payait pour loger les troupes. Ces immeubles furent adjugés, le 22 octobre 1791, à Louis Rédarès, marchand à Sommières, et rachetés, le 11 pluviose an III (mars 1795), par une Société composée de 42 Sommiérois au prix de 21,000 f.

---

(1) En 1813, 8,000 livres correspondaient à peu près exactement à 32,000 francs d'aujourd'hui. — Nous ne connaissons pas le nombre des moines qui occupaient le couvent à cette époque, mais nous savons, par un acte s. s. p. en notre possession, qu'ils étaient cinq en 1712. Cet acte porte la signature de chacun d'eux. Ils desservaient le couvent des Ursulines et remplissaient les fonctions d'aumoniers en plusieurs châteaux. — Les Ursulines aussi jouissaient d'une certaine fortune, qu'un relevé dressé en 1702 établit, avec détail, à la somme totale de 2,881 l. 7 s. 6 d. de rente. *Arch. de l'Hôpital.*

(2) La maison et le jardin d'Emilien Dumas ont payé aux Cordeliers, jusques à la Révolution, la somme de 1 l. 10 f. et 2 livres de cire blanche, comme redevance ou censive annuelle.

Lors du rétablissement des cultes en France, l'église des Cordeliers fut attribuée par l'Etat au culte catholique parce que l'ancienne église paroissiale de St-Pons venait d'être donnée aux protestants en compensation de leur temple rasé par Louis XIV.

Mais cet arrangement dura peu : il était loin de convenir à la population catholique qui regrettait son ancien lieu de culte et voulait y rentrer. De vives réclamations, des récriminations se firent entendre ; un conflit paraissait imminent. Le Préfet dut intervenir. Il réunit à la mairie de Sommières le Consistoire protestant, espérant le faire céder ; mais il se heurta à une vive résistance : « Nous sommes entrés, lui disait M. Ribot, » président du Consistoire, dans l'église de St-Pons en » vertu d'une loi, et nous n'en sortirons que par une » loi ; notre cause est juste et si je la perdais devant » vous, Monsieur le Préfet, j'en appellerais à l'Empereur » lui-même (1) ».

L'autorité préfectorale dut s'incliner devant ce langage énergique, mais il importait de trouver un terrain de conciliation : une lettre du Ministre des Cultes, datée du 13 pluviose an XIII, en exprimait le désir (2). L'idée d'une transaction se présenta tout naturellement : elle fut basée sur l'échange du couvent des Récollets, — qui appartenait à l'Hospice, — contre

____

(1) Adrien Marchand : *Un pasteur inconnu*, broch. in 8° de 38 p., extraite du *Disciple de J.-C.*, revue mensuelle, 1858.

(2) L'Empereur, rétablissant les cultes en France, voulait la paix entre eux et la justice pour tous. Il avait énergiquement exprimé cette pensée quand, répondant au Consistoire de Paris, il lui avait dit : « *Les protestants ne m'ont point d'obligation. Je ne veux pas* » *qu'on m'en aie parce que je suis juste. La conscience est hors du* » *domaine des lois. Dites aux protestants que je leur garantis pour* » *moi et mes successeurs, non seulement l'indépendance mais la liberté* » *et l'intégrité de leur culte. D'ailleurs les protestants ont toujours été* » *de bons citoyens, et quoique je ne sois pas de votre religion je vous* » *regarde comme nos plus chers amis.* »

le couvent, l'église et le vaste enclos des Cordeliers, — acquis par quarante-deux sociétaires.

L'idée acceptée, il fut procédé, en vertu d'un arrêté préfectoral du 29 brumaire an XIV (19 novembre 1805), à l'estimation des propriétés à échanger, et, après enquête et autres formalités légales, intervint un décret impérial daté du quartier de Posen, le 12 décembre 1806, ratifiant l'échange proposé entre l'administration de l'Hospice et les nombreux sociétaires susdits. « Aussitôt l'échange consommé, dit le décret, l'admi-
» nistration hospitalière abandonnera à la commune de
» Sommières l'église et l'enclos des Cordeliers ; l'église
» sera affectée exclusivement au culte protestant ; en
» conséquence, l'église de St-Pons le sera également au
» culte catholique ; l'enclos sera disposé pour former
» deux cimetières distincts à l'usage des deux cultes ; la
» commune paiera annuellement et jusqu'au rembour-
» sement une rente de 700 francs, rachetable au denier
» vingt, à l'Hospice de Sommières. »

L'acte d'échange eut lieu devant Viger, maire, le 6 mars 1807, et dès le 10 avril l'Hospice fut transféré du ci-devant couvent des Récollets au ci-devant couvent des Cordeliers.

Les bâtiments, déjà vieux d'un siècle et demi, exigeaient des réparations d'une certaine importance et quelques remaniements pour être appropriés à leur nouvelle destination. Les pauvres ne devaient point en supporter la dépense, qu'on évalua à 1,104 francs. La commune consentit à s'en charger, mais elle ne mit pas grand empressement à s'exécuter puisque, le 2 mai 1815, sept ans après, la toiture du vieil édifice menaçait ruine, et la Commission réclamait encore instamment l'exécution des promesses de la municipalité.

Les murs du jardin aussi croulaient de toute part ;

une foule de dépenses d'entretien s'imposaient chaque année.

Pour en atténuer la fâcheuse répercussion sur le revenu des pauvres, l'Administration s'efforçait de créer de nouvelles ressources à l'établissement par des locations qui, d'ailleurs, compensaient mal le prix des loyers qu'elle avait perdus en sortant des Récollets.

Le jardin, cultivé d'abord au profit de l'Hospice, produisait quelques hectolitres de blé, d'avoine ou un peu de fourrage, mais cette culture privait de promenade les vieillards et les convalescents. On y renonça donc en leur faveur et on eut l'heureuse idée de planter l'enclos d'arbres à fruits et surtout de mûriers dont la feuille fut bientôt recherchée pour la nourriture des vers à soie. — Cette petite récolte a donné jusques à 80 francs en 1850; elle en produit encore une trentaine. — Un cultivateur affermait, au prix de 38 francs par an, la bande de terre qui longe le derrière des bâtiments et forme terrasse contre la Coustourelle. — Lorsque fut déplacée l'entrée de l'Hospice qui, avant 1833, avait lieu par l'humide et sombre couloir adossé au nord de l'ancienne église des Cordeliers, on put affermer comme magasins à laines en suint le couloir lui-même et les deux vastes pièces du rez-de-chaussée, dont l'humidité, si insalubre au personnel hospitalisé, devenait au contraire un élément très utile à la conservation des laines et fort apprécié des locataires. Ils en payaient 170 francs de loyer. Ces vastes magasins sont restés affectés à cette usage jusques en 1890, époque où le commerce des laines, à son tour, s'est à peu près complètement retiré de notre petite ville.

§ 2. Étape actuel des bâtiments. — Depuis son affectation au service de l'indigence, l'ancien couvent des

L'HOSPICE DE SOMMIÈRES EN 1900

Cordeliers a perdu peu à peu son aspect sévère. On y accédait autrefois par une pente douce qui, partant de la petite place, sur la rue Emilien Dumas, aboutissait devant le temple actuel. Mais vers 1833, on eut la malencontreuse idée de remplacer cette rampe, d'un accès facile, par un large escalier, aux marches raides, plus élégant d'aspect, sans doute, mais certainement fort incommode pour l'arrivée des grosses provisions, pour le transport des malades incapables de le gravir, comme aussi pour la descente des cercueils que le corbillard est obligé d'attendre au pied des marches.

Arrivé sur le Planet, en face du temple, on pénétrait dans l'Hospice par le sombre et long couloir qui longe, au nord, les murs de ce monument. C'était lugubre. Emilien Dumas, l'un des administrateurs, fit ouvrir sur la petite esplanade une grille donnant accès en plein jardin de l'Hospice ; on abandonna le vieux couloir, et dès lors l'entrée de cet asile devint riante et presque majestueuse ; un vaste enclos planté de buis, d'arbres verts, de fleurs et de légumes s'offre d'abord à l'œil du visiteur ; au fond du jardin, bien éclairé, en plein soleil, se développe le grand corps de bâtiments percés de nombreuses baies, flanqué à gauche d'une petite chapelle surmontée d'un svelte clocher (1).

Après avoir traversé le jardin dans toute sa longueur, on arrive à la porte principale de l'Hospice, puis dans un vestibule où se trouvent : à gauche, un parloir ou petit salon qui sert aussi de salle de délibération, et, derrière, la cuisine et ses dépendances ; à droite, une immense pièce voûtée : c'est l'ancien réfectoire des

____

(1) Ce petit édifice, qui sert d'oratoire à l'Hospice, fut élevé en 1833 par la supérieure sœur St-Bruno, au moyen de collectes et d'une somme de 1,000 francs spécialement affectée à cette construction par testament du donateur, Théodore Delrieu, de Crespian. — La sœur St-Bruno est inhumée dans cette chapelle.

Cordeliers; la clef de voûte porte encore grossièrement sculptée en demi-relief l'image d'un saint bénissant des deux mains. Cette grande salle du rez-de-chaussée a été pendant longtemps, nous l'avons déjà dit, louée comme magasin à laines; elle ne sert plus que de débarras.

Enfin, du même vestibule part une vaste cage d'escalier à balustres, édifié sous Louis XIV et parfaitement conservé. Il aboutit, en trois courtes volées, au premier étage, par le milieu d'un frais couloir très large et long de plus de cinquante mètres, qui jadis desservait les cellules du monastère; trois dortoirs, à droite, les ont remplacés. Une salle à manger sépare les chambres à coucher des deux sexes; elle est commune, et se transforme, après le repas ou pendant les veillées d'hiver, en salle de conversation autour du poële.

Le logement des sœurs et une grande lingerie, où travaillent les femmes occupent tout le côté gauche du couloir.

Au fond, du côté Nord, une porte à deux battants ouvre, presque en rase campagne, sur une allée, dite *des Noisetiers,* qui semble être le prolongement de la galerie intérieure; un long berceau de verdure abrite, contre les rayons du soleil d'été, les vieux promeneurs; tout à fait au fond de l'allée, un petit hangar muni de chaises et d'un banc leur sert de point de repos.

A l'extrémité sud de ce même couloir passe un autre grand escalier tournant, qui, partant du rez-de-chaussée au fond de l'ancien réfectoire des moines, leur permettait de communiquer avec leur église et gravit jusqu'au second étage. Là, se trouvaient, il y a peu d'années encore, de vastes combles, très bas et par cela même inutilisables.

Un incendie s'y déclara tout à coup en septembre 1888, qui détruisit presque en entier cette partie du bâtiment.

On eut grand peine à sauver les vieillards paisiblement endormis au-dessous du terrible foyer.

C'est alors qu'une indemnité payée par la Compagnie d'assurances, augmentée de quelques économies de la Maison permit d'exhausser la partie incendiée et de transformer les anciens combles en une très grande salle, bien aérée, carrelée au ciment et plafonnée. Elle reste encore sans emploi, puisque avec ses modestes revenus l'Hospice ne peut actuellement recevoir et entretenir qu'une douzaine de personnes : mais vienne enfin la loi si souvent annoncée qui créera, dans chaque chef-lieu un Hospice subventionné par toutes les communes du canton, et cette belle salle aussitôt trouvera son utilité : grâce à ses dimensions, 22 mètres de longueur sur 8 mètres de large, il sera facile d'y répéter, au moyen de simples cloisons, le commode et spacieux dispositif du premier étage, c'est-à-dire d'y aménager plusieurs chambres desservies par un ample corridor de distribution.

Le personnel hospitalisé pourra dès lors être porté au double, et si les besoins du canton augmentaient au delà de cette prévision, il serait possible, avec une dépense supplémentaire de 10 à 12,000 francs, d'exhausser, au même niveau que la partie droite du bâtiment, son aile gauche laissée intacte par l'incendie de 1888 ; puis, pour desservir plus aisément ce second étage, on prolongerait jusqu'à cette hauteur le grand escalier central. On aurait ainsi assez de place pour tripler le nombre de lits à offrir à la vieillesse et à l'indigence, dans un pays agricole et laborieux où la misère est l'extrême exception.

Le jardin lui-même, si cela devenait nécessaire, pourrait être doublé en dimensions par l'acquisition des anciens cimetières catholique et protestant créés à ses dépens en 1807 et transférés depuis, en 1861, à l'ouest de la ville, sur la rive droite du Vidourle. A cette dernière époque, en effet, les deux cimetières ainsi abandonnés furent acquis l'un par la Fabrique, l'autre par le Consistoire de Sommières, dont ils sont restés la propriété : mais leur cession volontaire par ces deux corps religieux en faveur d'un Hospice cantonal ne ferait pas l'ombre d'un doute. Au besoin, on userait de la loi sur l'expropriation pour cause d'utilité publique, et rarement cette loi aurait trouvé plus juste application.

C'est en grande partie aux libéralités de la supérieure, *sœur* St-Gabriel, que l'Hospice doit la belle apparence et les principales améliorations de ses bâtiments actuels. En 1883, c'est elle qui restaura la vieille façade toute décrépite, uniformisa les divers niveaux de sa toiture, remplaça, par un élégant entablement en pierres de taille, les vieux chevrons en bois qui, datant de Louis XIV ou de Louis XV, tombaient de vétusté ; c'est elle qui, pour mettre constamment à la portée des sœurs le moyen de tenir propre le linge de chaque semaine, créa, dans un coin du jardin, un lavoir commode sous un hangar protecteur ; — à l'intérieur, c'est encore à cette supérieure dévouée que l'Hospice est redevable de sa propreté parfaite : au vieux pavé formé de briques en terre cuite, toutes effritées par le temps, elle substitua à grand frais un carrelage au ciment, toujours sain et facile à laver ; chaque lit fut pourvu d'un sommier en lames d'acier remplaçant l'antique et malsaine paillasse ; la lingerie, autrefois installée au second étage dans une pièce étroite et d'un accès difficile, fut descendue au premier étage, et le nombre de ses armoires et de ses casiers augmenté du double ; l'ancienne cuisine du rez-de-chaussée, obscure et fumeuse, trop vaste d'ailleurs pour les besoins actuels, fut divisée en chambre des provisions et le reste utilisé pour salon de réception ou parloir, tandis qu'une cave, jusqu'alors inutile, fut transformée en

cuisine bien éclairée et chauffée par un fourneau de
fonte tout neuf.

J'évalue à plus de 5,000 francs le montant des
dépenses que la sœur St-Gabriel a consacrée de ses
propres deniers aux améliorations de notre Maison
hospitalière qu'elle a dirigée pendant vingt ans. Cette
vénérable supérieure, douée d'une certaine largeur
d'esprit et fidèle à sa mission philantropique, préférait
consacrer son bien aux pauvres qu'en faire un tout
autre usage. Au début de nos relations (1873),
lorsqu'elle me proposait quelqu'une des grandes réparations que je viens de signaler : « ce serait bien
» volontiers, lui disais-je, si l'Hospice avait assez de
» ressources pour l'entreprendre.... — Faites, faites,
» me répondait-elle, j'y pourvoirai. » Mais je dois à la
vérité de dire aussi que jamais elle n'avait tenu pareil
langage, ni même consenti le moindre sacrifice durant
tout le temps de l'Administration qui avait précédé la
mienne. — Notre collaboration a duré dix-sept ans ;
elle finit en août 1896, au moment où l'âge contraignit
sœur St-Gabriel à prendre sa retraite. Elle est morte
aux Vans, un an après (février 1897).

Sur la limite Est de l'un des deux anciens cimetières
dont nous venons de parler, existe un assez vaste
caveau funéraire creusé dans la propriété même de
l'Hospice, exactement à l'extrémité de l'allée dite *des
Noisetiers*. Sa construction remonte à l'année 1823. Ce
caveau a son entrée dans le cimetière catholique ; on y
accède par une épaisse dalle scellée dans le mur. Le sol
est nu ; la voûte et les parois sont en maçonnerie. Le
droit d'inhumation dans cette sépulture réservée constituait un des bénéfices de l'Hôpital : il était fixé à
80 francs pour les corps adultes, à 25 pour les enfants
au-dessous de dix ans. Dès 1829, le caveau était déjà
plein. Pour en retirer encore quelque profit, la

Commission hospitalière fit appliquer contre les murs
une espèce d'étagère en bois, supportée par des barres
de fer, où l'on déposait les cercueils nouveau venus
pour qui la place manquait sur le sol. Mais l'humidité
de cette installation souterraine la rendait impropre à
la conservation des funèbres dépôts : tout y pourrissait
rapidement. En 1893, j'eus à faire ouvrir le caveau
pour y inhumer les restes de *sœur* Louise, décédée dans
notre Maison après dix-sept ans de services. Ce n'était
plus qu'un ossuaire ; il ne restait déjà plus trace des
cercueils.

§ 3. Etat actuel du mobilier. — Depuis dix-sept ans,
l'Hôpital occupait les bâtiments de l'ancien couvent des
Récollets, sur la place du Bourguet, quand éclata la
Révolution française. Les affaires de son ancienne
manufacture de molletons avaient été liquidées, et les
bâtiments loués ; il n'abritait plus que des indigents et
des infirmes, pour lesquels le mobilier n'avait guère
changé depuis près d'un quart de siècle : tel nous
l'avons laissé en 1772, tel nous le retrouvons en 1793,
d'après un *Etat de l'actif et du passif* qui fut dressé en
exécution de la loi du 23 mars an II. Nous donnons un
extrait de cette pièce où l'on verra la description en
même temps qu'une curieuse évaluation de ce triste
mobilier en 1793 :

50 draps moyens, à 40 livres la pièce	2,000 livres.
22 draps mauvais, à 18 livres.	396 »
70 chemises d'hommes, mauvaises, à 15 livres . .	1,050 »
60 chemises de femmes, à 12 livres	720 »
16 paillasses, à 48 livres	768 »
16 essuie-mains, mauvais.	96 »
20 matelas.	1,800 »
16 bois de lit, dont 8 montés sur bans, à 40 livres.	640 »
26 couvertures laine à 60 livres.	1,860 »
18 mauvaises à 30 livres	540 »
6 couvertures piquées, bonnes, à 90 livres. . . .	570 »
6 couvertures piquées, mauvaises, à 50 livres . .	330 »
A reporter	**10,482 livres.**

<pre>
        Report . . . . 10,482 livres.
30 chaises à 12 livres. . . . .   360 livres.
 3 mauvaises armoires à 65 livres.   195   »
 3 marmites à 60 livres   180   »
 4 garniments de lit, coton blanc, à 55 livres . . . 220   »
 2 garniments de lit, dits de Bourg, à flammes,
   à 85 livres   170   »
                                                    ____
Valeur totale du mobilier. . . . . 11,607 livres.
</pre>

C'est aussi pauvre que richement évalué; mais cette évaluation cesse de paraître fantastique si l'on considère qu'elle fut faite en assignats déjà fortement dépréciés.

Deux ans plus tard, le 20 prairial an V (1797), un second inventaire est encore dressé sur l'ordre de la Commission administrative par les citoyens Oubxel et Chrestien aîné. Nous n'avons pu en retrouver le résultat. Mais le 10 vendémiaire an VI, la Commission, pour suppléer à la grande quantité de linge qu'elle a usés, dit-elle, au service des nombreux blessés que les Hospices de Montpellier avaient déversés sur Sommières, décide qu'elle sollicitera de l'Administration centrale le don des chemises et des draps qui existent encore dans le magasin militaire établi dans l'église des Récollets.

Nous ignorons si le vœu des Administrateurs fut exaucé, mais il est certain que la consommation de linge ne ralentissait pas ; le 25 mai 1806, sur les plaintes de sœur Pradelle, on fut obligé d'acheter pour 505 fr. de toile rousse destinée à la confection de 40 draps et de 40 chemises. — L'Hospice possédait alors 20 lits et abritait 18 pensionnaires.

Une somme à peu près égale fut consacrée en 1810 à l'achat de deux douzaines de gros draps de lit et de 12 paillasses avec quelques traversins et plusieurs couvertures. La situation du mobilier semble dès lors s'améliorer.

C'est sans doute cette dernière acquisition qui provoqua, dès l'année suivante, un nouvel inventaire, le seul qui ait été dressé depuis le transfert de l'Hospice dans le local actuel des anciens Cordeliers. Nous le reproduisons en entier comme terme de comparaison avec celui que nous venons de dresser nous-même et que nous donnerons à la suite.

Inventaire de 1820 :

Une table de cuisine, une vieille armoire ; 6 chaudrons, dont 4 bassines ; une petite farinière ; un couteau à pain ; 3 casseroles en fer blanc ; 4 couvre-plats ; 2 douzaines assiettes, 12 plats ; 28 bouteilles noires ; une vieille bassinoire ; 6 chandeliers d'étain ; 6 verres ; une grande cuillère en fer ; une autre en cuivre ; un vieux pétrin en bois ; un tour de feu ; un couvre feu ; une crémaillère ; gril, pelle, pincettes ; 3 trépieds ; une marmite en fer ; 3 cruches en terre ; 3 cuves en bois dont une pour lessive ; 6 vieilles chaises.

Un grand moulin à passer la farine, en bois de sapin ; un grand coffre à conserver la farine.

17 bois de lit très vieux ; 8 vieilles armoires ; 24 vieilles chaises ; une table.

Linge : 70 draps de lit dont 21 neufs, 48 demi-neufs et 7 vieux ;
24 chemises d'homme neuves et 12 à demi usées ;
17 chemises de femme neuves et 24 à demi usées ;
28 paillasses, dont 10 neuves ;
10 toiles à matelas ;
16 matelas complets mais vieux ;
26 traversins ; 8 coussins carrés, dont 6 avec leur coussinière ;
2 garniments de lit à flammes, bleu et blanc ;
28 pièces de garniment en cotonnade blanche ;
23 couvertures en piqué ;
33 couvertures en laine ;
6 nappes d'autel ;
24 grandes nappes ;
11 douzaines de serviettes mi-neuves ou usées ;
28 essuie-mains.
4 gros sacs pour la lessive.

L'amélioration est sensible depuis 1798, mais le strict nécessaire fait encore à peu près défaut.

Voici maintenant la situation au 1ᵉʳ juin 1897. Mais disons d'abord que, en 1834, on a encore acheté pour

200 francs de toile ; que, en 1861 M. Camille Saussine. le père de Léon et d'Amélie Saussine, épouse de Chamburе, a donné 500 francs destinés à l'achat de linge ; qu'en 1841, on a créé une lingerie et qu'on a décidé en même temps l'établissement d'un réfectoire afin d'éviter que les repas soient pris dans les chambres où tout se tache et se salit. Ce fut là une mesure des plus hygiéniques, trop négligée encore en beaucoup d'hôpitaux. Disons enfin, qu'en 1840, on avait acheté six lits en fer pour remplacer ceux en bois depuis longtemps très vieux et nécessitant chaque année de coûteuses réparations.

Inventaire du 1ᵉʳ juin 1897.

EN ENTRANT DANS LE JARDIN, à gauche de la grille, dans la *loge du portier :*

Un rideau à la porte vitrée ;
2 chaises et un fauteuil à bras, vieux ;

Une petite table en bois blanc peinte couleur noyer, neuve.

Derrière la loge du portier, dans le *Palais des lapins :*

Une fourche et une pelle en fer ;

Dans le jardin :

3 bancs en bois, pieds en fonte, peints en vert ;

Une brouette ;
30 vases à fleurs.

Sous le hangar du lavoir :

4 vieux seaux et une cruche, en fer blanc ;
Un grand plat, dit *cassole*, en poterie ;

Une vieille table à 2 tiroirs ;
Plusieurs paniers à pigeons.

Au rez-de-chaussée.

Dans le vestibule :

4 chaises en paille, neuves ;
3 chaises basses, vieilles ;
2 fauteuils légers ;

Un canapé recouvert d'une housse.

Dans la petite pièce sous l'escalier :

8 scies ;
Un chaudron en cuivre contenant 15 litres ;
Une planche percée pour bouteilles vides ;
Un seau en fer blanc ;

Un grand plat en terre ;
2 étagères avec 10 assiettes. 7 pots divers et 4 bouteilles vides ;
Une petite lanterne.

Dans l'ancien réfectoire des Cordeliers :

3 vieilles tables hors d'usage ;
3 échelles ; 2 cuves en zinc

pour lessives, et nombreux débarras.

Dans le salon bleu (parloir) :

6 bonnes chaises cirées, en paille ;
2 fauteuils style Empire, en velours vert ;
Un tabouret à pieds ;
Un canapé recouvert d'une housse avec 2 coussins ;
Une table à manger cirée, recouverte d'un tapis de laine ;
Une petite table ronde ;

Un buffet, vitré en haut, à 2 corps, renfermant 12 verres à pied, 12 tasses en porcelaine, 4 soupières en porcelaine, 12 pots à confiture en verre, 1 saladier en porcelaine, 2 carafes ;
Une toile cirée pour la table à manger ;
6 gravures encadrées, suspendues aux murs.

Dans l'ancienne cuisine de l'Hôpital :

Une grande romaine avec son plateau en cuivre pour peser le pain ;
2 étagères à pain ;

3 vieilles bassinoires en cuivre ;
6 casseroles, sans leurs manches, en cuivre ;

Une passoire en cuivre ;
4 couvercles en cuivre ;
10 lampes à pétrole sur la cheminée ; pelle, pincettes, tour de feu :
Une vieille table recouverte en zing ;

Une grande armoire peinte couleur chêne, à 3 compartiments avec leur clef, contenant provisions journalières.
Une pendule à coffre.

Dans le passage à la suite :

Une vieille armoire en mauvais état.

Dans la cuisine :

Un fourneau en fonte à 8 potagers ; pelle, pincettes ;
8 chaises, une table à manger pour les sœurs ;
2 petites étagères au-dessus de l'évier, avec 2 paniers à salade, un panier à verres, 8 tasses, 12 assiettes.
Une vieille crédence à deux battants ;
Une table de cuisine ;
Un sceau émaillé ;

Un grand saladier, une grande soupière, une marmite, le tout en tôle émaillée ;
Appendues aux murs :
2 plats à gratin, 4 casseltes en tôle émaillée ;
3 fers à repasser ;
4 cuillères en bois, 4 fourchettes en fer :
3 petites farinières, en bois ;
4 casseltes en fer blanc ;
Un bain de pieds en fer blanc ;
3 casseltes en fonte.

Dans la sacristie :

2 fauteuils à bras recouverts de leurs housses ;
4 chaises et un fauteuil en paille jaune ;
Une fontaine en fer blanc peint ;

Une petite table ;
Une petite bibliothèque renfermant 30 volumes de piété ;
Une commode ;
Un très grand tableau à l'huile représentant St-Joseph.

Dans la chapelle :

2 prie-dieu tout en bois ;
8 bancs à dossier, en bois.
4 prie-dieu, bois et paille ;
6 chaises en paille ;
4 statues sur socles ;
Sur l'autel en marbre blanc :

8 vases en porcelaine, avec fleurs artificielles ;
10 chandeliers à cierge, en cuivre doré.
Au plafond : un petit lustre en cuivre ; un beau lustre en vieux cristal.

Dans l'escalier :

1 pendule à coffre ; | 2 rideaux à la fenêtre.

Au premier étage.

Dans le couloir :

5 anciens portraits à l'huile (1) ; | Une fontaine et un plat émaillé ;
Une vieille commode à 2 bat- | un essuie-mains ; 2 chande-
tants ; | liers cuivre ;
                                       | Une petite pharmacie.

Premier Dortoir des femmes :

Un lit en fer, avec sommier, | 2 autres lits appartiennent
matelas, couvertures. — Les | à deux pensionnaires.

Second Dortoir des femmes :

Une commode à 3 tiroirs ; | traversin, matelas, couver-
3 tables de nuit anciennes ; | tures et garniture blanche ;
8 chaises en paille ; | 3 oreillers ;
4 lits en fer, avec sommier, | Une lampe à pétrole accrochée
                                       | au mur ;

---

(1) *Jean Marcou*, ancien négociant, décédé à Sommières en 1777, âgé de 68 ans ;

Sa femme, *Marguerite Martin*, décédée à Sommières en 1789, âgée de 79 ans ;

Joseph Mourgues, négociant à Lyon, mort à Sommières en 1796, âgé de 75 ans ;

Marie-Philibert Champlanas, sa femme, née en Savoie, décédée à Sommières l'an X (1801), administrateurs et bienfaiteurs.

Vicomte d'Oreau, époux Portalier, administrateur.

Le 12 octobre 1860, la Commission accepte un legs de 2,000 liv. fait à l'Hospice par feu *Amédée Penchinat*, de Sommières. Sur le désir exprimé par MM. Ernest et Léon Penchinat, frères du jeune défunt, la Commission décide qu'elle fera peindre un portrait de son nouveau bienfaiteur et le placera à côté des autres, mais cette décision ne fut jamais exécutée.

Salle à manger :

12 chaises en paille ;
Une grande table recouverte de toile cirée, à 4 tiroirs ;
12 couverts en métal blanc ;
12 assiettes ; 12 verres, 2 pots à eau en tôle émaillée ; une cruche en terre vernie ; le tout dans un placard à quatre étagères ;
Un poêle en fonte ;
Un vieux canapé recouvert de sa housse ;
Une lampe suspension au-dessus de la table.

Dortoir des hommes :

Une commode Louis XVI, à 3 tiroirs ; une cuvette et son pot à eau en tôle émaillée ;
Un fauteuil en paille ;
4 lits en fer avec sommier, matelas, traversin, housse ;
4 tables de nuit à coffre et à dossier, neuves.

Passage servant aussi de chambre :

Un lit en fer avec sommier, matelas, traversin, housse ;
Une vieille table de nuit ;
Une vieille commode à trois tiroirs ;
Une chaise.

Chambre des contagieux :

2 lits en fer, avec sommier, matelas, traversin, housse ;
2 chaises ;
Une vieille commode, autrefois crédence.

Chambre des morts :

Un brancard avec matelas et drap de mort.

Ancienne chambre des opérations :

Une armoire à deux battants contenant : une douzaine vases en porcelaine et 3 tapis pour la chapelle ;
3 petites glaces.
Une commode à deux tiroirs, contenant quelques vieux appareils de chirurgie.

Lingerie :

Vaste et longue armoire à six compartiments à deux battants, plus 1 simple à chaque extrémité, tous les huit fermant à clef, en sapin peint couleur chêne, et renfermant 5 étagères sur lesquelles :

216 draps de lit en toile blanche (1) ;

226 chemises homme en coton et en toile, blanches ;

232 chemises femme, en coton et en toile, blanches ;

72 chemises homme, en couleur ;

36 paires de caleçons ;

24 tricots en coton ;

48 bonnets de coton ;

240 mouchoirs blancs ;

372 mouchoirs en couleur ;

12 camisoles de femme ;

11 douzaines de serviettes ;

Une douzaine de nappes ;

16 douzaines essuie-mains ;

3 douzaines bas coton ;

4 douzaines chaussettes coton ;

Une douzaine blouses bleues, à donner ;

24 pantalons, étoffes diverses ;

6 vestes en velours ;

18 gilets en velours ou en coutil ;

6 toiles pour paillasses ;

Une douzaine tabliers blancs ;

3 grands rideaux de lit, blancs ;

Une douzaine rideaux blancs, pour fenêtres ;

6 couvertures neuves, en coton molletonné ;

28 toiles de matelas ;

Une camisole de force.

Une armoire Louis XVI, contenant :

7 couvertures en piqué ;

60 mouchoirs foulard ;

24 coussinières ;

2 rideaux de lit, en serge ;

6 fourreaux de coussin ;

12 sacs en toile, grands ; 18 petits ;

12 saches ;

Une alèze en caoutchouc pour malades gâteux.

Une commode à trois tiroirs contenant vieux bas ;

Une commode à trois tiroirs contenant étoffes pour raccommodages :

Une armoire Louis XVI contenant vêtements d'usage et à raccommoder ;

Une grande et longue table recouverte d'un vieux tapis de drap.

---

(1) Une telle provision permet à l'Hospice de donner largement à de pauvres familles de la ville.

Dans les trois chambres des sœurs :

Un lit en bois avec paillasse, matelas, traversin ;
Un fauteuil en paille, et une commode vide ;
3 lits en fer avec sommier, matelas, garniture et traversin ;
3 commodes, une petite table, un bureau ;
Une armoire, 2 tables de nuit, 6 chaises.

Chambre de débarras, au fond du corridor :

Une armoire à deux compartiments, renfermant une douzaine de couvertures de laine ;
Une commode à deux tiroirs.

Au second étage :

A droite du petit escalier, pièce dite « la Bibliothèque »

Un vieux corps de bibliothèque à quatre compartiments et six rayons, sur lesquels un millier de volumes, littérature et médecine, provenant de la succession Paulin'er (1),
Une épinette ;
2 vieilles tables ;
Une grande armoire peinte en vert contenant ornements et menus objets pour la crèche de Noël ;
Un vieux bahut avec pétrin, contenant ornements et menus objets pour la crèche de Noël ;
Une vieille armoire où sont classées les *Archives de l'Hôpital.*

Dans la chambre à côté :

2 lits en bois, avec paillasses, matelas, traversins ;
6 chaises, 2 fauteuils, 2 tables de nuit ;
Une commode et une glace.

A gauche du petit escalier :

Pièce sous les toits :

Nombreuses vieilles malles.
Une chapelière en assez bon état.
Une armoire contenant la provision de simples.

----

(1) M. Paulinier, médecin à Montpellier, originaire de Sommières, a laissé à sa ville natale une partie de sa fortune et sa bibliothèque qu'on déposa à l'Hospice.

Cuisine et chambre à la suite, dites de Mlle Lapierre :

Sur une petite cheminée, 2 veilleuses en porcelaine.
Dans cette cheminée, chenets, pelle, pincettes.
4 chaises.
Un coffre contenant les orne-ments du prêtre pour la messe et les funérailles :
Une chape en velours noir.
Une chape et une étole rouges.
Une chape et une étole vio-lettes, 2 tapis en fil.

Dans la petite chambre :

Un lit en bois à deux places, avec paillasse, matelas, re-couverts d'une vaste couver-ture en ancienne étoffe de coton peinte.
4 chaises, un secrétaire, une commode à quatre tiroirs, une cuvette et son pot à eau ; sur la cheminée en marbre, 2 vases et une vieille glace.

Dans la grande salle neuve, actuellement imcomplète, au second :

4 lits en fer, 2 sommiers, 5 lits en bois non montés, une douzaine de traversins, une douzaine d'oreillers, 2 édredons, 18 matelas, 2 fauteuils en paille, une dou-zaine de très vieilles chaises, un fauteuil à bras et à rou-lettes pour traîner les mala-des.

Il est, comme on le voit par cet inventaire, peu d'éta-blissements analogues mieux pourvus que le nôtre.

§ 4. ETAT ACTUEL DES REVENUS ; TESTAMENT DE MADAME DE CHAMBURE.— De l'ancienne fortune des Cordeliers, qui, en 1789, s'élevait encore à 72 l. 5 s. de revenus il ne subsista plus, après la Révolution, que trois rentes sur particuliers. La loi du 4 ventoso an IX, les atri-buait à l'Hospice. Tout le reste, provenant, parait-il, de rentes féodales, avait été, à ce titre, supprimé par le nouveau régime.

Un jugement du tribunal civil de Nîmes, du 27 pluviose an XII (15 février 1803), mit notre établissement hospitalier en possession des trois rentes susdites dont le total s'élevait à 68 francs : l'une était servie aux Cordeliers par Descous aîné, pour 22 francs, l'autre, par Chrestien et Buisson serrurier, pour 31 francs, et la troisième par le chirurgien Gaussen, pour 15 francs.

La Commission administrative, toujours représentée par son actif président Pierre Ribot, avait eu bien des recherches et de nombreuses démarches à faire, un procès même à soutenir, avant d'augmenter de ce faible appoint la fortune des pauvres.

Voici le détail de leur dotation au moment où ils prenaient possession de leur nouveau domaine chez les ci-devant Cordeliers ;

Détail des rentes sur Particuliers, en 1807.

Vidal Philippe, de Sommières.	25 fr.	»
Chrestien Martial Isaac, d'Aspères.	25	25
Touzellier, hôte, de Sommières	75	»
Deimon, de Calvisson	20	»
Persin et Vitou, de Sommières	182	40
Jaujou Pierre, de Sommières,	15	»
Teissier Jean, de Sommières	10	»
Blondin, de Sommières.	100	»
Larguier, fabricant, de Sommières.	15	»
Fize frères, de Sommières.	30	»
Durand, de Nîmes.	100	»
Lacombe Pierre, de Villevieille	50	»
Rosier Jean, de St-Hippolyte	31	»
Peyre, de Sommières.	20	»
Devilas, pour Jean Roux, de Sommières	15	»
Veuve Méjean, de Montpellier.	200	»
Lablache cadet, de Campagne.	15	»
Boissier Pierre, de Sommières.	6	»
Allier Jean-Louis, de Sommières	6	»
Nicol Daniel, de Lecques	19	15
Laroque Monteils, de Ladevèze	60	»
Noguier Louis, de Sommières	70	»

A Reporter. . . . . 1,094 fr. 80

Report.	1,091 fr.	80
Cadel Barthélemy, de Sommières	20	»
Bazelly, femme Renard, de Sommières.	8	»
Jullian Jean, de Sommières.	8	»
Causse, d'Aiguesvives	11	»
Veuve Parran, de Sommières	2	»
Bernard Jean, de Sommières	120	»
La ville de Sommières	700	»

Rentes provenant des Cordeliers :

Descous Pierre, de Sommières.	22 fr.	»
Cadel, maréchal, de Sommières	15	»
Veuve Buisson, de Sommières	15	50
Chrestien frère et sœur, de Sommières.	15	50
Total	2,031 fr.	80

représentant un capital de 40,696 fr.

A ces revenus certains, il convient d'ajouter pour mémoire la créance de 7,000 fr. due depuis 1791 par la veuve de Coste et dont les intérêts ne furent jamais payés, mais dont pourtant l'Hospice parvint à récupérer le capital en 1841 seulement. Toutes les rentes sur la ci-devant province de Languedoc et sur le clergé de Nîmes restaient décidément perdues. C'est en vain que pour compenser une pareille perte la Commission administrative demandait la cession en sa faveur de la Citadelle et de ses dépendances ; le Ministre de l'Intérieur déclarait, le 12 septembre 1806, cette demande inadmissible.

Bornée à ces faibles ressources, l'Administration hospitalière en était réduite à faire des prodiges d'économie pour entretenir son trop nombreux personnel hospitalisé ; en 1806, en effet, 19 pauvres avaient vécu dans la maison, fournissant un total de 8,665 journées durant lesquelles on avait dépensé 2,695 francs, d'après le budget que nous transcrivons ci-après à titre de renseignement comparable ;

Budget de 1800.

RECETTES

Loyers	377 fr.	»
Rentes sur particuliers	1,606	»
Rentrées à effectuer sur les dites rentes	300	»
Produits en nature	110	»
Manteaux et draps mortuaires	50	»
Total des Recettes	2,233 fr.	»

DÉPENSES

Traitement du Receveur	50 fr.	»
Contributions	77	50
Gages de la sœur	221	»
Pain	1,150	»
Vin	60	»
Viande	120	»
Légumes	450	»
Bois	200	»
Charbon	24	»
Eclairage	48	»
Blanchissage	72	»
Médicaments	50	»
Entretien des bâtiments	50	»
Entretretien du mobilier	50	»
Secours à domicile	30	»
Dépenses imprévues	40	»
Total des dépenses	2,695 fr. 50	

Il y eut donc cette année-là un excédant de dépenses d'environ 462 francs. L'aumônier, le médecin, le chirurgien ne recevaient aucune rétribution et, grâce à cette économie comme à bien d'autres, les 8,665 journées revenaient par tête à moins de 35 centimes.

Touché de cette misère et persécuté par les demandes de secours que lui adressait annuellement la Commission, le Préfet du Gard lui suggéra la singulière idée d'obtenir de la Municipalité l'établissement à Sommières d'un octroi dont le produit serait en partie affecté aux besoins de l'Hospice. Mais la Commune et la Commission, avec autant de raison que de clairvoyance, repoussèrent cette proposition, attendu qu'un octroi « grèverait trop péniblement le peuple, et ruinerait » l'industrie qui se porterait sur l'une des deux villes » considérables entre lesquelles Sommières est placée. » Il fallut donc se contenter de ce qu'on avait, et attendre les effets de la bienfaisance publique.

En 1808, sur les instances de son président Ribot, la Commission administrative obtient du Tribunal civil de Nîmes un jugement qui mit enfin l'Hospice en possession d'un legs de 1,000 francs, que M. Marcou, un des anciens administrateurs, avait fait, par codicile reçu Duranc le 21 juillet 1777, à la commune de Restinclières, son pays natal. Les intérêts de cette somme devaient servir, tous les dix ans, aux frais d'une mission que le testateur désirait être prêchée dans cette localité avec l'approbation de l'Evêque de Montpellier, mais avec réserve que, si la mission n'était pas autorisée, la somme de 1,000 francs reviendrait aux pauvres de Sommières après le décès de Mme Marcou. Mme Marcou mourut le 2 juin 1789 et, depuis cette date, la question était pendante entre Restinclières et notre Hospice. Elle fut tranchée en sa faveur par le jugement du 1er mars 1808. On se rappelle que M. Marcou avait déjà légué aux pauvres une somme de 12,000 francs, et que sa veuve, née Martin, avait ajouté à cette libéralité une somme de 1,200 francs, qui fut touchée par l'administration en 1790.

La même année (1809), une autre bonne fortune échut encore à l'Hôpital. En 1799, une société composée de 17 Sommiérois, parmi lesquels MM. Ribot, Castan, etc., avait acquis l'ancien couvent des Ursulines, au sommet de la Taillade, qui, depuis le départ de son personnel

religieux en 1793, était devenu propriété nationale (1).
Embarrassés de leur acquisition, ces Messieurs la
cédèrent à J.-B. Baly (2), professeur distingué, qui
transforma le couvent en établissement d'éducation à
l'usage des jeunes gens, sous le nom d'*Ecole secondaire
de Sommières*. C'est le prix de cette vente que
M. Castan, au nom de ses co-associés, versa dans la
caisse des pauvres.

En possession de cette somme, la Commission crut
pouvoir, comme elle le faisait autrefois, la placer sur
simples particuliers : 2,000 fr. furent donc prêtés pour
6 années à M. Brouve de Combas, et 2,000 fr. à
Mme veuve de Provence, née de Maucler (3), mais la
loi nouvelle ne l'entendait point ainsi : elle ne permettait plus aux établissements publics que les placements en rentes sur l'Etat. Brouve et Mme de Provence
voulurent bien consentir à restituer le prêt qu'on leur
avait fait, l'une en 1809, l'autre en 1810.

Entre temps et par la suite, divers débiteurs de rentes
perpétuelles, usant du droit de rachat, remboursaient le
capital de leurs dettes. Cette opération ne nuisait guère
encore à la somme des revenus des pauvres : le cours
de la rente sur l'Etat, alors bien au-dessous du pair,
permettait au contraire aux établissements hospitaliers
de troquer des revenus quelquefois incertains, souvent

---

(1) En 1794, le couvent des Ursulines servit un moment d'hôpital
militaire.

(2) Jean-Baptiste Baly avait épousé Zélie Gautier, nièce du
général Bruyère par sa mère Françoise Bruyère, femme de Jean-
César Gautier; ce dernier était né à Sommières en 1772. Il fut aide
de camp et beau-frère du général de l'Empire. — Baly fut un maître
très capable, d'une grande fermeté; son établissement, très prospère,
jouit d'une réputation qui s'étendait au loin et dura jusques
vers 1815.

(3) Mme de Provence avait été d'une grande beauté. Les premières
rides l'affectèrent à tel point qu'elle ne voulut plus se montrer, ne
sortit plus de chez elle et n'admit jamais plus en sa présence
qu'une vieille servante et ses deux filles, Mlle de Provence et
Mme de Vibrac.

d'un service irrégulier, contre des revenus très sûrs et exactement périodiques; Mais la valeur des capitaux placés en rentes sur l'Etat s'est considérablement accrue depuis longtemps, en sorte que chaque remboursement devient aujourd'hui une perte de revenus très sensible. Nous citerons à titre d'exemple la perte subie par notre Etablissement quand, le 7 septembre 1882, la commune de Sommières nous mit en demeure d'accepter le remboursement de la rente de 700 francs qu'elle servait à l'Hospice au taux de 5 °/₀ depuis 75 ans, c'est-à-dire depuis l'échange du couvent des Récollets contre celui des Cordeliers. Effectué au denier vingt, ce remboursement de 700 fr. de rente produisit un capital de 14,000 fr. qui, aussitôt placé en 3 °/₀ sur l'Etat ne donna plus qu'un intérêt de 458 fr., constituant ainsi une diminution de 242 fr. dans le revenu des pauvres.

Cette grosse perte avait été précédée de bien d'autres : 26 rentes sur particuliers avaient été amorties depuis 1807 ; deux conversions de rentes sur l'Etat étaient venues à leur tour faire subir aussi un notable affaissement dans les ressources de la Maison. Le 31 mars 1852, la Commisson administrative avait la naïveté de protester contre la première de ces conversions par une supplique au prince-président (le futur Napoléon III), restée naturellement sans réponse ; la seconde fut opérée dix ans après, le 19 février 1862.

A peine la commune de Sommières avait-elle procédé à l'extinction de sa dette envers l'Hospice, qu'une troisième conversion des rentes sur l'Etat venait porter un nouveau coup à l'édifice si péniblement accru du bien des pauvres : le 27 avril 1883, la France relevée de ses désastres et se sentant assez riche pour réduire le service de sa dette publique, abaissait à 4 1/2°/₀ le taux du grand emprunt national qu'elle avait émis en 1871 pour payer sa rançon à l'Allemagne. L'Hospice en fut encore une fois appauvri. Mais le terme des réductions d'intérêts n'était pas encore atteint : le 4 1/2 n'a pas tardé lui-même à se transformer en 3 1/2, en attendant qu'il soit prochainement réduit à un taux plus bas encore. Heureusement et depuis longtemps la Commission hospitalière, instruite par l'expérience des intentions de l'Etat (1), a su la mettre à profit : elle a le soin de ne plus demander qu'aux vieux 3 °/₀ français le placement de ses petites économies et des libéralités du public envers les pauvres.

Après cent ans de vicissitudes diverses mais d'économie obstinée, nous sommes parvenus enfin à la reconstitution complète du patrimoine de l'Hôpital et voici notre Établissement plus riche qu'au moment où son administration passa des mains d'une honnête noblesse aux mains d'une honnête bourgeoisie.

En 1789, l'Hôpital de Sommières possédait en rentes :

Sur la Province et sur le Roy. . .	1,506 l. 10 s.	}
Et sur particuliers et la ville de Nîmes.	1,640 l. »	} 3,146 l. 10 s.

Il possède aujourd'hui, en rentes sur l'Etat	3,300 fr. »	}
Et sur particuliers	308 fr. 15	} 3,608 fr. 15

Bien que supérieures à celles jouies en aucun temps par notre établissement charitable, ces ressources seraient encore insuffisantes si une foule de frais généraux qui grèvent les hospices des grandes villes n'étaient soigneusement écartés du nôtre : à Marseille, par exemple, le prix de revient d'une journée à l'Hôtel-Dieu atteint le chiffre de 3 fr. 25 ; à la Conception, 2 fr. 62 ; à l'Hospice de Charité, où sont reçus malades, incurables et voyageurs indigents, la journée, revient à

____

(1) Nous avons vu que, sous l'ancien régime, la royauté, les Provinces et les villes elles-mêmes savaient, comme l'Etat de nos jours, profiter des moments de prospérité publique pour réduire le taux de leurs dettes.

2 fr. 30. C'est luxueux, mais ce luxe est-il bien utile ? — Il semble qu'avec un peu moins de largesse ou un peu plus d'économie, le bien que font ces maisons de charité pourrait se répartir sur un plus grand nombre de têtes.

A Sommières, nos infirmes, nos vieillards, nos malades ne manquent jamais du nécessaire et cependant la journée nous coûte à peine *quatre-vingt-dix centimes*, toutes dépenses comprises (1). — En 1812, elle ne dépassait pas 45 centimes, la population *moyenne* était de 14 à 15 hospitalisés ; cette population est aujourd'hui de 10 à 12 et fournit un nombre de journées de présence qui atteint et dépasse souvent 4,200.

Voici d'ailleurs la répartition de nos dépenses et de nos recettes annuelles, d'après le budget de 1896, année très chargée par quelques grosses réparations et un nombre plus qu'ordinaire de journées de présence (4,476).

------

(1) Voici l'ordinaire fixé, il y a quelques années, par la Commission administrative :

Déjeuner à 9 heures : soupe maigre, pain à volonté.

Dîner à midi 1/2 : un plat de viande ; un plat de légumes ; un dessert ; pain à volonté.

Souper à 5 heures en hiver, à 6 heures en été : soupe et un plat maigre ; pain à volonté.

Soupe grasse, 3 fois par semaine : mardi, jeudi et dimanche ; *à chacun des trois repas,* un verre de vin pur.

Deux paquets de tabac par mois pour les vieillards.

Il résulte des renseignéments que voulurent bien me fournir les Administrateurs de certains hospices du Gard ayant quelque analogie avec le nôtre, à la suite d'une petite enquête que j'avais faite auprès d'eux, en 1887, dans le but d'améliorer selon leurs données le sort de nos pensionnaires : 1° que ceux-ci sont tout aussi bien traités qu'ailleurs, et 2° que le prix de revient de la journée est partout de beaucoup plus élevé qu'ici. Il est en effet de 5 fr. 60 à Aiguesmortes ; de 1 fr. 82 à Quissac ; de 1 fr. 45 à St-Gilles ; seuls les deux hospices de Beaucaire dépensent un peu moins que nous, à raison de 72 centimes par jour, mais il y a là beaucoup d'enfants.

RECETTES:

Intérêts de fonds placés au trésor	126 fr.	69
Rentes sur particuliers	308	15
Rentes sur l'État	3,022	»
Vente de la feuille de mûriers	30	»
Pensions de vieillards	700	»
Location d'immeubles	»	»
Total des recettes	4,168 fr.	84

DÉPENSES

Traitement du Receveur	176 fr.	»
Traitement des sœurs	700	»
Contributions et assurances	50	»
Cultures	27	»
Secours extérieurs divers	45	»
Gratifications	40	»
Entretien des bâtiments	290	»
Entretien du mobilier	89	»
Pain . . . . 770 ⎫		
Viande . . . . 390 ⎬ 2,121		»
Vin . . . . 555 ⎪		
Comestibles . . . . 400 ⎭		
Blanchissage (20), éclairage (20)	40	»
Chauffage	125	»
Médicaments et appareils	115	»
Frais de culte et d'inhumations	55	»
Perruquier	20	»
Tabac pour les vieillards	42	»
Total des dépenses	3,955 fr.	»

Dépenses extraordinaires : Placement en rentes 3 %
sur l'État, 5,200 fr., provenant du reliquat des exercices
précédents et de dons (1).

---

(1) Parmi ces dons, nous mentionnerons ici les principaux de
ceux que nous avons reçus pendant les dix dernières années de
notre administration :

1886 Adélaïde Zoé Puech, épouse Barthélemy Puech. . 500 fr.
1887 Madame veuve Louis Causse et ses enfants, en
  souvenir de leur époux et père . . . . 500 »

Les revenus de l'Hospice suivent donc depuis le commencement du siècle une progression ascendante, mais dussent-ils demeurer stationnaires, ils suffiront toujours à l'entretien convenable de cet établissement tant qu'il restera *communal*. Si, comme nous en avons déjà exprimé l'espoir, se réalise enfin le projet philantropique de la création d'*hospices cantonaux* sur toute l'étendue de la France, une très faible dépense, à laquelle devrait contribuer d'ailleurs chaque commune du canton, permettrait d'y abriter un personnel hospitalisé trois fois plus nombreux qu'il n'est aujourd'hui ; tandis qu'il trouverait pour son entretien un surcroît de ressources considérable dans le legs de 2,680 fr. de rente qui doit lui revenir un jour, — en vertu du testament de Mme DE CHAMBURE, née AMÉLIE SAUSSINE, testament dont il nous paraît bon de conserver ici l'historique.

Legs de Mme AMÉLIE FÉLICITÉ SAUSSINE, *épouse* DE CHAMBURE.

Au cours des recherches provoquées par le sujet qui nous occupe, nous avons rencontré, de 1770 à 1790,

---

1889 Veuve Léon Penchinat, Mesdames Albert Méjanelle et Victor Robert, de Nîmes, en mémoire de feu Léon Penchinat, Premier Président à la Cour de Montpellier, né à Sommières en 1822, leur époux et père. 800 fr.

1890 Mme Gaston Caucanas, née Anaïs Ducros, en souvenir de son père Jean-Louis Ducros . . . . . 2,000 »

1890 Elise-Anne-Marguerite Ducros, veuve Molines, en souvenir de son père François Ducros, qui fut administrateur de l'Hospice pendant 20 ans, de 1812 à 1832. . . . . 1,000 »

1891 Marie-Clémence Figuier, veuve Castan . . . . . . 1,000 »

1892 Mme veuve Gustave Griolet, née Félicie Griolet, en souvenir de son mari . . . . 2,000 »

1894 Feu Laurent-Antoine Ginoulhac, curé d'Aubais. . 400 »

1898 M. Alphonse Soucal et Mme Nathalie Soucal, épouse Bastide, en souvenir de leur mère, née Rouvière. 800 »

et chaque fois qu'il s'agissait de travaux de maçonnerie entrepris à Sommières sur des bâtiments publics, le nom des *frères* SAUSSINE. C'étaient deux hommes laborieux et honnêtes, bien doués du côté de l'intelligence, hardis entrepreneurs primant tous leurs concurrents dans les adjudications : c'est eux qui édifièrent la Maison Commune ou *Mairie*, telle qu'elle est encore de nos jours ; qui, en 1772, restaurèrent les anciens bâtiments du couvent des Récollets, nouvellement acquis pour servir d'hôpital ; qui, en 1782, transformèrent une partie de ces vastes locaux en manufacture de laine. On rencontre le nom DE SAUSSINE, *entrepreneur de fortifications,* parmi les signataires de l'adresse que les trois ordres de la communauté de Sommières firent parvenir au roi Louis XVI pour le remercier et le féliciter d'avoir, par décret du 27 décembre 1788, convoqué les États-Généraux. Le petit-fils de *l'entrepreneur* SAUSSINE quitta sa ville natale pour aller s'établir à Paris en qualité d'architecte. Il y fit une rapide fortune dans les constructions et les acquisitions d'immeubles, sous Napoléon III, et mourut laissant à sa veuve et à ses deux enfants, Léon SAUSSINE et Amélie-Félicité SAUSSINE, un patrimoine considérable.

Amélie-Félicité SAUSSINE était née à Paris le 8 octobre 1840. Elle se voua d'abord toute entière aux bonnes œuvres et principalement à la direction d'une école laïque de jeunes filles par elle créée dans la rue Durantin et qui fut toujours l'objet de sa plus vive sollicitude. Mlle Saussine avait l'habitude de venir prendre ses vacances à Sommières, berceau de sa famille. Elle y possédait encore de ce chef quelques biens, terres et maisons, qu'elle se plût à améliorer en mémoire de ses ancêtres, les humbles maçons dont nous venons de parler. La tombe de son bisaïeul, enterré jadis, en sa qualité de huguenot, dans une olivette loin de la ville, devint pour l'arrière petite-fille, bien qu'élevée par sa mère dans la religion catholique (1), un objet de vénération. Elle édifia sur cette tombe un gracieux monument, et finit par augmenter, au moyen d'acquisitions successives, la petite terre plantée d'oliviers qui recélait les cendres de son aïeul. Puis elle y établit une demeure en style de chalet suisse et parvint, à force d'argent, à transformer ce lieu passablement stérile en un agréable séjour où, tous les ans, au mois de septembre, étaient reçus les nombreux invités de sa société parisienne.

Mlle Amélie Saussine était alors fiancée à un jeune officier de marine qui mourut avant le mariage. Dans le testament qu'elle écrivit le 13 avril 1881 se trouve exprimée toute la douleur qu'elle ressentit de ce deuil anticipé, et ses nombreuses dispositions de bienfaisance semblent indiquer que la testatrice se croyait à jamais vouée au célibat.

Cependant, le 1er avril 1884, lorsqu'elle ajoutait à ce testament un codicile qui ne modifiait que fort peu ses premières dispositions, elle était récemment mariée à M. Emile-Pelletier DE CHAMBURE, frère de l'une de ses plus chères amies, Mme Louis de Montaut, née Blanche DE CHAMBURE.

Bien que ces deux actes, le testament et le codicile, renferment une foule de clauses étrangères à notre sujet, la reconnaissance nous fait un devoir de les publier dans leur intégrité puisque les établissements charitables de Sommières et la commune elle-même en ont reçu d'importantes libéralités ; elles leur devraient encore bien plus si l'exécution des volontés de la testatrice n'avait été entravée par des difficultés d'interprétation et d'attributions qui exigèrent l'intervention de l'autorité

---

(1) Quant à son frère, M. Léon SAUSSINE, il a été élevé dans la religion de ses pères.

judiciaire, entraînèrent la vente aux enchères publiques des immeubles de Paris et par conséquent une perte énorme sur leur valeur réelle.

Néanmoins et malgré cette liquidation désastreuse, la part de cette fortune qui incombe à la ville de Sommières est de nature à la consoler de la presque inutilité des efforts que tentèrent, pour la sauvegarder plus intégralement, deux de ses concitoyens, MM. Frédéric Gaussorgues, un de ses anciens maires et, à ce moment, son représentant au Conseil général du Gard, et Lombard-Dumas, ordonnateur de l'Hospice et du Bureau de Bienfaisance, tous les deux délégués à Paris, une première fois en mai 1887 dans le but de se concerter avec la famille, une seconde fois en juin 1890 pour en terminer avec les hommes d'affaires chargés de cette liquidation.

Voici la transcription du TESTAMENT de Mme DE CHAMBURE, née Amélie-Félicité SAUSSINE, et du codicile qui le suit :

Ceci est mon testament.

Mon Dieu, c'est sous votre regard que je me place pour que mes idées ne s'égarent pas, pour que ma pensée soit nette, précise et rendue avec clarté.

Seigneur, que le ressentiment soit banni de mon cœur, que l'exclusion de mon frère ne soit pas considérée comme le résultat d'un mécontentement. Je le supplie d'écarter cette pensée de son cœur ; qu'il considère le néant de la vie mortelle et de tout ce qui s'y rattache, et, qu'à cette lumière de l'éternité, l'Esprit-Saint le rende équitable dans ses jugements : Mon frère est riche par une partie de la fortune de mon père, et sera très riche par celle que lui laissera ma mère : cette situation me laisse donc toute liberté d'agir, et quand même il posséderait beaucoup moins, j'apprécie que l'aisance place plutôt une famille dans les conditions de bonheur, en modérant les désirs de luxe, que la facilité de les satisfaire.

Je lègue à perpétuité à la Fabrique de l'Église de Sommières (Gard) une rente de quinze cents francs à charge de faire dire, annuellement pour le repos de mon âme et à mes intentions collectives Hippolyte, Alphonse, Amélie, Blanche, Elisabeth et Léon, deux cents messes pour lesquelles, c'est-à-dire pour chacune desquelles il sera donné cinq francs d'honoraires au prêtre qui les offrira, le surplus de la rente sera affecté aux pauvres secourus de la paroisse.

Le capital qui servira à cette rente sera placé en rentes françaises 3 °/₀ ou en obligations des grandes lignes des chemins de fer français.

Après avoir prélevé sur mon héritage la part légale qui revient à ma mère et la somme destinée à la rente mentionnée ci-dessus, je lègue l'usufruit de la moitié du surplus à Mᵐᵉ Blanche de Chambure, épouse de M. Louis de Montaut, ma bien-aimée amie, demeurant actuellement à Melun (Seine-et-Marne).

Le capital destiné à cette rente annuelle sera placé en rentes françaises 3 °/₀ ou en obligations des grandes lignes de chemins de fer français ; cette rente sera incessible et insaisissable. J'entends de la manière la plus formelle que le titre reste entre les mains de Mᵐᵉ de Montaut jusqu'au jour de son décès, sans que les propriétaires futurs de la rente aient aucun contrôle vexatoire à exercer sur elle. A sa mort, cette rente entière reviendra à la mense épiscopale de Nimes (Gard) pour une œuvre dont il sera parlé dans le cours du testament. Si, à mon décès, ma mère n'était plus de ce monde, ma fortune se trouvant par suite de cet héritage considérablement agrandie, je fixe le capital dont l'usufruit serait la jouissance de Mᵐᵉ de Montaut à quatre cent mille francs.

Je supplie ma bien-aimée amie de ne pas refuser mon souvenir ; il m'est doux de penser qu'elle pourra satisfaire le besoin de donner si habituel à sa généreuse nature, en se rapportant vers son Amélie dont elle réjouit la vie et qui l'aime si tendrement. Pour vaincre ses scrupules, j'affirme qu'elle ne nuit à aucun des miens, car, à mon décès, une des deux hypothèses suivantes sera réalisée : ou ma mère me survivra, ou elle aura cessé de vivre; dans le premier cas, ma mort donne à mon frère la part d'héritage que, dans l'ordre de la nature, je devrais recueillir de ma mère; et, dans le second cas, il jouira de la succession de ma mère et se trouvera donc en possession d'une grande fortune. Du reste, ainsi que je l'ai dit aux premières lignes de mon testament, il est suffisamment riche par lui-même pour que je dispose de mon avoir sans lui en réserver aucune part. Quant à ses enfants, ils me sont restés étrangers puisqu'il ne m'a jamais été permis de les aimer, et que leur mère s'est toujours attachée à les éloigner de moi : Je suis donc en droit de penser que, selon toutes les convenances, mon argent serait rejeté comme l'a été mon affection. De plus, je considère la fortune comme un instrument dangereux entre les mains d'enfants dont l'éducation n'a pas élargi le cœur : elle ne servirait qu'à les resserrer dans l'égoïsme et à les rendre odieux à ceux qui souffrent. Donc, si ma Blanche chérie rejetait ce que j'ai préparé pour elle, la Mense épiscopale de Nimes (Gard) entrerait immédiatement en possession de ce qui ne devait lui revenir qu'à sa mort.

Je prie vivement Monsieur Montaut, qui m'a toujours témoigné une affection que je lui rendais bien sincèrement, de déterminer Blanche à accepter ma dernière volonté pour elle.

La seconde moitié de ma fortune sera employée ainsi qu'il suit :

Je lègue à perpétuité à la Fabrique de l'Eglise de Sommières (Gard), pour l'entretien de ce que j'ai possédé à Sommières, sur le territoire de sa commune ou sur celui des communes avoisinantes, une rente annuelle de deux mille francs (2,000 fr.). Le capital destiné à la rente sera placé en rentes françaises 3 % ou en obligations des grandes lignes des chemins de fer français. Cette rente sera incessible et insaisissable. Rien de mes propriétés du Gard et de l'Hérault, s'il y en a dans ce dernier département, ne pourra être vendu ni aliéné.

La ville de Sommières aura un droit de contrôle sur leur entretien; la Fabrique et la Ville partageront ce qui pourra être épargné sur la rente ainsi que les fruits de la terre; elles pourraient y établir conjointement une œuvre de charité dirigée par des laïques catholiques.

Je demande humblement à monseigneur l'Évêque de Nîmes de laisser reposer mes restes et ceux de mon amie Blanche de Montaut dans le jardin de mon chalet, près du tombeau de mon bisaïeul; je le prie d'étendre cette même faveur à ceux de ma famille qui la désireraient. S'il était fouillé dans ma maison de la place du Temple et qu'on y retrouvât des ossements qui sont ceux de mes ancêtres, je désire qu'ils soient déposés près de ceux de mon bisaïeul, dans le jardin de mon chalet.

1° Je lègue à Mme Chabord, veuve en premières noces de M. Bonnevay, et demeurant à Lyon (Rhône), 27, rue Ste-Hélène, une rente annuelle et viagère de deux mille francs. Je la prie de l'accepter en souvenir du lien qui devait m'unir à son fils;

2° Je lègue à Mlle Mélanie Serre, demeurant à Paris-Belleville, rue des Rigoles, une rente annuelle et viagère de quinze cents francs (1,500 fr.);

3° Je lègue à Mlle Marie Segault;

4° Je lègue à Mlle Adèle Knittel;

5° Je lègue à Mlle Marie Knittel, toutes trois institutrices dans mon école, je lègue, dis je, à chacune d'elles une rente annuelle et viagère de cinq cents francs. Il sera, en outre, versé immédiatement pour elles à la Caisse des retraites la somme suffisante en capital réservé au profit de mes ayants-droits, pour compléter à chacune d'elles une rente annuelle de quinze cents francs (1,500 fr.) à l'âge de cinquante ans. De mon vivant j'ai déjà commencé les versements. Cette rente de 1,500 fr. est indépendante de celle de 500 fr. dont elles jouiront immédiatement après les formalités légales de ma succession.

Je lègue à ma femme de service, Marie Gabriel, une rente annuelle et viagère de mille francs (1,000 fr.).

Il est entendu que si l'une des cinq personnes désignées ci-dessus avait quitté ma maison à l'époque de mon décès, ma disposition testamentaire à son profit serait annulée.

Je lègue la somme nécessaire pour constituer une rente annuelle et viagère de quinze cents francs (1,500 fr.) sur la caisse des retraites, payable à cinquante ans, et dont le capital sera réservé au profit de mes ayant-droits, à Marie Mamet, en religion sœur Cécile, actuellement à Mormant (Seine-et-Marne), maison des sœurs Célestines ; je lui lègue aussi une rente de cinq cents francs (500 fr.) dans les mêmes conditions que celles de même somme énoncéeprécédemment. J'aime cette enfant d'une affection toute maternelle ; je lui recommande de ne pas quitter la maison où elle a désiré faire profession, et, si jamais la pensée lui en venait, de prendre le temps de la réflexion, de se laisser guider par l'avis de prêtres éclairés dont elle prendrait conseil, et surtout de triompher de ce que la passion lui suggérerait au détriment de ses vœux.

Je lègue à Louise Ruffin, femme de chambre de ma mère et qui m'a toujours témoigné du dévouement et de l'affection, une rente immédiate de cinq cents francs (500 fr.) et une rente de mille francs (1,000 fr.) à l'âge de cinquante ans, sur la caisse des retraites, toutes deux dans les mêmes conditions que celles précédemment mentionnées.

Je lègue à Louise Boyer, domestique chez ma mère et qui m'a servie avec empressement, deux rentes de même chiffre et dans les mêmes conditions que celles de Louise Ruffin.

Je lègue à Louise Beaupied, cuisinière chez ma mère, une rente annuelle de mille francs (1,000 fr.)

Si l'un des trois domestiques désignés n'était plus dans la maison de ma mère au jour de mon décès, le legs en sa faveur deviendrait nul.

Toutes les rentes viagères immédiates qui seront constituées dans la seconde part de ma fortune seront incessibles et insaisissables ; les capitaux affectés à ces rentes seront placés en rentes françaises 3 °/₀ ou en obligations des grandes lignes de chemins de fer français.

Les capitaux qui seront versés pour toutes les rentes mentionnées à la Caisse des Retraites seront réservés au profit de mes ayant-droits ; toutes ces rentes seront incessibles et insaisissables.

Dans le cas où, contrairement à mes prévisions, la seconde part de ma fortune ne suffirait pas à toutes les pensions, elles seraient réduites proportionnellement, excepté celles relatives à l'entretien de mes propriétés de Sommières et celle de Mme Chabord qui restera intacte. A sa mort le capital de sa rente viendrait augmenter proportionnellement les rentes diminuées précédemment.

La rente annuelle et viagère de Mme Chabord, celles de Louise Beaupied et de Marie Gabriel reviendront successivement à chacun des décés des titulaires et à perpétuité à la Mense épiscopale de Nimes à charge d'établir une société de charité maternelle pour la ville, dans des conditions analogues à celles de Paris, sauf en ce qui concerne le culte. Cette œuvre sera exclusivement catholique.

La rente annuelle et viagère de Mlle Serre reviendra à son décés et à perpétuité à la ville de Sommières à charge d'établir dans la ville une Société de Charité maternelle dans des conditions analogues à celles de Paris ; toutes les pauvres mères, sans distinction de religion, seront appelées à en profiter.

La rente annuelle et viagère de Marie Segault reviendra à sa mort et à perpétuité à la Société de Charité maternelle de Paris, dont j'ai été Dame administrante.

La rente annuelle et viagère d'Adèle Knittel reviendra à sa mort et à perpétuité à la Société protectrice de l'Enfance de Paris.

Les rentes annuelles et viagères de Marie Knittel et de

Marie Mamet, de Louise Ruffin et de Louise Boyer reviendront successivement à leur mort et à perpétuité à l'œuvre de l'Hospitalité de Nuit de Paris qui possède actuellement les maisons de la rue Tocqueville et du boulevard de Vaugirard.

Tous les capitaux de la Caisse des Retraites reviendront successivement au décès des titulaires de rentes à la Fabrique de l'Eglise de St-Cyr-sur-Morin, ou, si cette paroisse était supprimée, à celle qui serait appelée à la remplacer. Ces capitaux seront placés au fur et à mesure de leur rentrée, en rentes 3 % françaises ou en obligations des grandes lignes des chemins de fer français, à charge de faire dire deux cents messes annuelles aux mêmes intentions et dans les mêmes conditions que celles imposées à la Fabrique de l'Eglise de Sommières (Gard).

Le surplus de la rente servira annuellement à un prix de vertu qui sera décerné dans les conditions adoptées par MM. les curés du canton de Rebais (Seine-et-Marne) réunis sous la présidence de Mgr l'Evêque de Meaux ; ces conditions pourront être revisées après chaque période de dix ans ; chaque paroisse sera tenue de faire connaître d'une manière permanente à ses fidèles l'existence de ce prix et des conditions pour l'obtenir, au moyen d'avis placés à l'extérieur de l'Eglise ou dans tout autre endroit apparent. Ce legs n'aura son effet que si ma mère était décédée au jour de ma mort ; dans le cas contraire, comme je n'aurais rien possédé dans cette paroisse, il reviendrait à la ville de Sommières (Gard), aux mêmes conditions que celles imposées à la Fabrique de l'Eglise de St-Cyr-sur-Morin, mais le surplus de la rente, au lieu d'être affecté à un prix de vertu, servira à l'entretien de l'Hospice. Les messes ne seront pas réservées à l'Eglise de Sommières : la Fabrique disposant déjà d'honoraires semblables, elles seront proposées à une, deux ou trois paroisses, au plus, du canton de Sommières, le maire de Sommières en fera le choix.

Au décès de Mme Blanche de Montaut, la rente dont elle jouissait reviendra à la Mense Episcopale de Nimes à charge de la faire servir à l'entretien d'une œuvre pour les incurables femmes, établie dans les conditions énumérées ci-après. Si, au bout de deux années écoulées après le décès de Mme de Montaut, cette œuvre n'était pas fondée, la rente annuelle disponible reviendra à la ville de Sommières pour les besoins de l'Hospice.

S'il reste quelque chose de ma fortune après ces différents legs, ou si le décès de ma mère a précédé le mien, je donne le surplus des capitaux disponibles à la Mense Episcopale de Nîmes, avec obligation de les placer en rentes françaises 3 °/₀ ou en obligations de chemins de fer français, grandes lignes, pour l'entretien de cette œuvre d'incurables. Les enfants y seraient reçues dès l'âge le plus tendre et pourraient y rester jusqu'à leur mort. On ne commencerait l'œuvre que par l'admission des enfants ; celles-ci y recevraient l'instruction primaire conformément au programme des Ecoles communales en ce qui concerne le travail intellectuel, de manière qu'elles soient aptes à recevoir le certificat d'études ; plusieurs ateliers seraient établis dans la maison, tels que de robes et confections, broderies or et argent, blanchissage et repassage, fleurs artificielles, etc... Car, il serait désirable que, bien qu'infirmes, ces enfants acquièrent toute l'habileté dont elles sont susceptibles, afin que la vie ne leur apparaisse pas comme un lourd fardeau dont le poids se fait plus pesamment sentir en raison de leur infirmité ; il sera essentiel que le travail des adultes soit varié, afin que toutes les infirmités puissent s'adapter à celui qui lui procurera le moins de fatigue. — Dès l'âge de 18 ans, le travail des enfants sera rémunéré d'après leur habileté et après les 4[5 prélevés pour les frais qu'elles occasionneront ou qu'elles ont occasionnés dans la maison ; moitié du 1[5 restant sera placé au nom de l'enfant ou en un livret sur la Caisse d'épargne et l'autre moitié en un livret sur la Caisse des retraites avec le capital réservé au titulaire ou à ses ayants-droits.

Dans le cas où le décès de ma mère aurait précédé le mien, la Mense épiscopale de Nîmes serait tenue de constituer à Marie Piqueux, ouvrière dans mon École, sur la Caisse des retraites, une rente viagère de mille fr. (1,000 fr.) payable à cinquante ans, à capital réservé au profit de la Mense.

Je lègue ma bibliothèque, mes bijoux, mes chers souvenirs de la petite vitrine, en un mot tout ce qui m'a appartenu chez ma mère, à mon amie chérie Blanche de Montaut ; si elle le refuse, ils seront envoyés à la Fabrique de l'Église de Sommières (Gard) qui fera placer la vitrine dans ma maison de la place du Temple et qui fera monter les bijoux pour servir à l'ornement du culte ; ma bibliothèque servira à une œuvre paroissiale.

Je lègue tout mon mobilier de Montmartre à mes chères collaboratrices dont il est question dans le Testament. Je tiens à leur dire que je les ai beaucoup aimées et qu'elles ont joui de toute mon estime ; je les remercie du fond de mon cœur de leur affection, de leur obligeance, de la joie qu'elles m'ont procurée en se soumettant gracieusement au règlement établi dans ma maison. Le mobilier sera tiré au sort sous la présidence de Mlle Serre ; je recommande à Marie Segault d'avoir un air joyeux quel que soit son partage.

Je ne laisse rien comme souvenir à ma bonne mère quoique son affection me soit très chère, ce que j'ai de plus précieux comme souvenir vient de mon bien aimé fiancé, et depuis sa mort elle a témoigné pour lui tant d'aversion, cette animosité persistante et inexplicable après l'avoir accepté comme gendre de son plein gré, a tellement froissé mes sentiments intimes, que j'ai toujours senti une barrière entre ma mère et moi. Oh ! pourquoi n'a-t elle pas été silencieuse devant ma douleur ! Qu'elle me permette de lui dire que je l'aime beaucoup et qu'un peu de sympathie de sa part aurait suffi pour nous rendre heureux comme on peut l'être ici-bas.

Fait à Paris Montmartre, 9, rue Durantin prolongée, dans la pleine jouissance de toutes mes facultés.

Signé : AMÉLIE-FÉLICITÉ SAUSSINE.

Mercredi-Saint, 13 avril 1881.

En suite : signé par nous Juge, pour M. le Procureur, Paris, le 13 mai 1884.

Signé : MOISSON.

Au décès de mon cher mari, et si sa mère lui survit, j'entends qu'une rente annuelle et viagère de huit mille fr. (8,000 fr.) incessible et insaisissable continue à être prélevée sur les revenus de la maison, rue du faubourg St-Martin, n° 182, en faveur de Mme de Chambure, ma belle-mère.

Je lègue une rente insaisissable et incessible de deux mille francs (2,000 fr.) à Mme Chabord, veuve en premières noces de M. Bonnevay, et demeurant actuellement 27, rue Ste-Hélène, à Lyon (Rhône).

Je lègue à Mlle Mélanie Serre, demeurant actuellement rue des Rigoles, à Paris-Belleville, et que j'aime très sincèrement, une rente annuelle et viagère de mille fr., (1,000 fr.), incessible et insaisissable.

Fait à Montreux (Suisse), dans toute la plénitude de mon esprit et après m'être placée sous le regard de mon Dieu.

1er avril 1884.

Signé : AMÉLIE SAUSSINE, femme DE CHAMBURE.

Signé par nous Juge, pour M. le Président,

....

Reçu 7 fr. 50. Amende de timbre 50 fr., décimes 14 f. 38, total 17 fr. 88. Signé......

Mme DE CHAMBURE mourut le 9 mai 1884. Son testament olographe fut déposé le 13 du même mois en l'étude de Me Javard, notaire à Paris, qui fut remplacé peu après par Me Lauquest.

Aux termes de ce testament, l'Evêque de Nîmes était, comme on vient de le voir, institué légataire universel de Mme de Chambure, à charge d'acquitter de très nombreux legs particuliers, tandis que Mme de Montaut, née Blanche de Chambure, devait jouir sa vie durant de la moitié de cette grosse fortune que Mlle Saussine n'évaluait pas à moins de 40,000 fr. de revenus. Mais on dut hélas! en rabattre :

D'une part, la survivance de Mme Saussine, mère de la testatrice diminuait déjà cette succession d'un quart pour la part réservataire, et il fut établi que la défunte était en outre débitrice envers sa mère et envers le *Crédit foncier,* de sommes importantes à défalquer de son actif;

D'autre part, la jurisprudence du Conseil d'État s'opposant à la délivrance des legs faits en faveur de la Mense épiscopale de Nîmes pour la création et l'administration d'établissements charitables, il était nécessaire de s'entendre entre héritiers naturels et légataires au sujet de la nouvelle attribution des biens refusés à l'Évêque déclaré incapable de recevoir. Cette première difficulté et les tiraillements qui en furent la conséquence indisposèrent la famille au point qu'elle déclara rejeter tout arrangement avec la Commune de Sommières et s'en remettre à l'autorité judiciaire du soin de régler et de liquider la succession. Cette résolution fut un désastre pour les légataires.

En effet, l'inventaire dressé après la mort de Mme de Chambure établissait comme suit le bilan de son hoirie :

Bijoux, livres, certain mobilier, etc.	3,441 fr.
Une maison à Paris, rue St-Martin, n° 182, que Mlle Saussine, par contrat de mariage donnait en usufruit à son futur mari, M. de Chambure. Cet immeuble, alors loué 13,000 francs par an, représentait un capital d'environ.	250,000
Une maison, rue Richer, n°s 81 et 83, affermée 31,605 fr. au capital de.	635,000
A reporter	888,441 fr.

Report. . . . . 888,411 fr.

Une maison, rue Durantin, qui avait coûté. 86,800
(cette maison servait d'école, et de logement aux institutrices).

Un terrain, rue Mont-Cenis et rue Lamarche, qui
avait coûté d'achat. 141,000
Quelques capitaux estimés. 22,300

Total un million cent sept mille huit cent fr. . 1,107,800 fr.

Mais de ce capital, il fallut, après la mort de Mme de Chambure, déduire :

De la valeur de l'immeuble rue St-Martin, l'usufruit
légué au mari, soit. . . . . 71,000 fr.
Une dette contractée envers le *Crédit foncier*. . . . 02,000
Divers prêts à Mme de Chambure par sa mère . . . 100,435
Le quart à réserve de Mme Saussine, mère. 145,000

Et finalement après la liquidation, la différence
de l'évaluation des immeubles de Paris à leur prix
de vente après enchères, savoir :
Sur la maison rue Richer, une perte de. 273,000
Sur celle de la rue Durantin 21,000
Sur les terrains, rue Mont-Cenis. 59,000

Total *à défalquer* de la succession. . . . . . . 731,435 fr.

qui fut ainsi réduite à 376,365 francs.

Or, d'après le testament et le codicile de Mlle Saussine, modifiés par décision du Conseil d'Etat écartant tous legs faits au profit de la Mense épiscopale de Nîmes, — les bijoux, les livres et certain menu mobilier de la rue Durantin revenaient à Mme de Montaut et à Mlle Mélanie Serre ;

Les immeubles du Gard, parmi lesquels le *Chalet*, une maison, place du Temple, à Sommières, et diverses parcelles de terre, revenaient à la Commune de Sommières.

Puis il était attribué :

A la Fabrique de Sommières, 1,500 fr. de rente, au cours de 83 fr. 41,500 fr.

A la Fabrique de Sommières, 2,000 fr. de rente pour l'entretien des immeubles. 55,333

A Mme de Chabord . . 2,000 fr. de rente. 55,333

A Mlles Serres. . . . . 1,500 — 41,500

Ségault . . . . 500 — 13,883

Adèle Knittel. . 500 — 13,883

Marie Knittel. . 500 — 13,883

Marie Gabriel . 1,000 — 27,666

Sœur Mamet. . 500 — 13,883

Ruffin . . . . . 500 — 13,883

Beaupied . . . 1,000 — 27,666

Boyer. . . . . 500 — 13,883

Des rentes viagères sur la vieillesse, dès l'âge de 50 ans :

A Mlles Ségault. . . . 1,500 fr.

Adèle Knittel . 1,500

Marie Knittel . 1,500

Sœur Mamet. . 1,500

Ruffin 1,000

Boyer. 1,000

Ensemble. . 8,000 fr. de rente viagère.

Représentant un capital d'environ. . . . . 52,271 fr.

Plus, deux rentes viagères ordinaires, résultant du codicile de 1884 :

A Mme Chabord. . . . 2,000 fr. au denier 10. . . 20,000 fr.

A Mlle Serres. . . . . 1,000 — . . . 10,000

Soit un total de legs représentant un capital de. 414,567 fr.

Le montant de la succession, comme il a été dit plus haut, n'étant que de. . . . . 370,365 fr.

Surgit un déficit de . . . . 38,202 fr.

qui exigea, naturellement, une réduction proportionnelle dans le service des nombreuses rentes sus énoncées, sauf pourtant sur celle de 1,500 fr. attribuée à la *Fabrique curiale* de Sommières et destinée, 1,000 francs à la célébration de deux cents messes par le curé de cette paroisse, et 500 fr. aux pauvres de la ville, rente déclarée irréductible par la volonté formelle de la testatrice.

Le Conseil d'Etat décida que de ces 1,500 francs 1,000 resteraient affectés à leur destination, mais que les 500 fr. à distribuer aux pauvres le seraient, non point par la *Fabrique,* mais bien par les soins du *Bureau de Bienfaisance,* leur seul représentant légal.

Cette haute juridiction décida également que la *Fabrique* étant dans l'incapacité légale de recevoir et administrer des biens immeubles, ceux délaissés par M*** Saussine et situés dans le Gard, attribués par le testament à la *Fabrique* de Sommières, devaient revenir à *la Commune*; d'où la conséquence que la rente de 2,000 fr, destinée par la testatrice à l'entretien de ces immeubles serait perçue aussi par la Commune. Cette dernière rente fut, comme les autres, réduite proportionnellement : elle produit 1,415 fr. par an.

Et comme M*** Blanche DE MONTAUT était héritière en usufruit de la moitié de la fortune de son amie, un titre de 2,580 fr. de rente 3 °/₀ sur l'Etat fut établi en sa faveur, avec déclaration de retour à la *commune de Sommières* pour les besoins de son Hospice, au décès de M*** Blanche de Montaut.

Après sept années de lenteurs administratives, et de discussions juridiques, la succession de M*** de Chambure était enfin réglée.

. M. Frédéric Gaussorgues, alors redevenu maire, proclama dans une affiche publique les précieux avantages que la Commune de Sommières retirait de ce règlement et se fit, auprès des héritiers naturels de M*** DE CHAMBURE, l'interprète de la reconnaissance de ses concitoyens envers la mémoire de leur bienfaitrice. Nous ne saurions mieux faire que de reproduire *in-extenso* cette proclamation.

COMMUNE DE SOMMIÈRES

Mes chers Concitoyens,

La succession de Mᵐᵉ Amélie–Félicité Saussine, dame de Chambure, vient d'être définitivement réglée et je crois devoir porter à votre connaissance les avantages qu'en retire la ville de Sommières. Il revient :

A LA COMMUNE

1. Toutes les propriétés d'agrément ou de rapport situées sur notre territoire.

2. 1,415 fr. de rente 3 °/₀.

3. 6,994 fr. 60 en espèces.

4. 2,580 fr. de rentes 3 °/₀ pour les besoins de l'Hospice au décès de Mᵐᵉ Montaut, usufruitière.

AU BUREAU DE BIENFAISANCE

1. 500 fr. de rente 3 °/₀.

2. 2,178 fr. 88 en espèces.

A LA FABRIQUE CURIALE

1. 1,000 fr. de rente 3 °/₀.

2. 4,357 fr. 77 en espèces.

Vous connaissez, mes chers Concitoyens, les difficultés de toute nature que rencontrait le règlement de cette succession, les divergences d'interprétation auxquelles donnait lieu la plupart des clauses testamentaires, les intérêts si nombreux et si opposés qui étaient en présence.

Vous accepterez donc, j'espère, comme un événement heureux, un règlement qui fait prévaloir toutes les prétentions de la Commune, et nous évite un de ces procès interminables qui aboutissent toujours à de cruelles déceptions.

Notre premier devoir sera d'offrir à la mémoire de notre bienfaitrice l'hommage de notre vive reconnaissance ; nous aurons ensuite à rechercher le meilleur moyen de reconnaître ses bienfaits en employant les ressources nouvelles dont nous disposons à des œuvres de bienfaisance et d'intérêt général.

Le souvenir de Mme Saussine mère sera pour nous inséparable de celui de sa fille.

Au nom de la Commune, j'adresse à M. Léon Saussine l'expression de notre sincère gratitude; c'est grâce à son esprit de conciliation, à sa volonté bien arrêtée d'aplanir toutes les difficultés, à son désir de resserrer les liens qui l'unissent à Sommières berceau de sa famille, que nous avons pu entrer en possession paisible de l'héritage de sa sœur.

Le nom de Saussine sera conservé et honoré parmi nous.

Fait à Sommières, le 15 octobre 1891.

Le Maire de Sommières, député du Gard,
Frédéric GAUSSORGUES.

Les restes de Mme de Chambure avaient été translatés de Paris à Sommières un an après sa mort survenue le 9 mai 1884. Sur l'invitation de M. de Chambure, le 20 octobre 1885, les membres de la Commission administrative de l'Hospice et du Bureau de bienfaisance, ayant à leur tête M. Olivier, maire de la ville, et Frédéric Gaussorgues, député du Gard, assistèrent, dans l'église paroissiale, au service religieux célébré par l'Evêque de Nîmes en personne avec un nombreux concours d'ecclésiastiques, et suivirent le cortège funèbre qui vint déposer le cercueil de la bienfaitrice de nos pauvres dans le caveau qu'elle même avait édifié pour abriter les cendres de son aïeul, en y réservant deux places, l'une pour elle, l'autre pour son inséparable amie Mme Blanche de Montaut.

Ce caveau, surmonté d'un petit monument, est situé dans l'angle Sud-Est du jardin de la propriété, aujourd'hui communale, et connue de tous les Sommiérois sous le nom de Chalet Saussine.

§ 5. Personnel. — Jusques en 1846, une seule personne, toujours recrutée parmi les laïques bien que, de tout temps, on l'eût désignée sous le nom de *sœur,* avait paru suffire au service des pauvres. Ses gages, en argent, variaient de 150 à 240 fr., mais sa nourriture et les autres frais d'entretien les élevaient à 1,080 fr. d'après un décompte, un peu exagéré peutêtre, que dressa la Commission administrative au moment où elle voulut remplacer cette femme laïque par un personnel de religieuses.

Au reste, la bonne vieille alors préposée aux soins de l'Hospice demandait à prendre sa retraite, et c'est vainement, paraît-il, qu'on avait cherché une autre personne consentant à lui succéder, « si ce n'est à des « conditions trop onéreuses pour la maison. » (*Délib. du 10 novembre 1846*).

On chercha donc parmi les établissements religieux celui qui présenterait les conditions les plus avantageuses et on crut l'avoir trouvé à Montpellier, chez les sœurs de *Notre-Dame Auxiliatrice* qui offraient de venir par deux pour la somme de 700 fr. et se chargeaient de raccommoder, blanchir, éclairer et chauffer les pauvres moyennant un supplément de 350 fr.

Ces conditions acceptées, deux de ces dames furent installées à l'Hospice dès le 1er janvier 1847 ; mais au bout d'un an elles demandèrent à se retirer.

On eut alors recours à l'ordre des *sœurs de St-Joseph.* C'est un institut de religieuses hospitalières fondé en

1685 et placé, par Henry Arnault, évêque d'Angers, sous la règle de St-Augustin : outre les trois vœux accoutumés (pauvreté, chasteté, obéissance), ces religieuses en prononcent une quatrième qui est d'exercer l'hospitalité envers les pauvres. Une des maisons-mères de cette congrégation s'établit aux Vans, dans l'Ardèche, au commencement du XIX° siècle (1817). Entre la Supérieure générale de cet établissement et la Commission administrative de l'Hospice fut conclu, le 7 novembre 1847, un traité qui subsiste encore : Deux sœurs sont chargées du service intérieur : l'une des deux, portant le titre de *supérieure*, a la surveillance de la maison et tous les trois mois rend compte de ses dépenses à l'Ordonnateur ; l'Administration doit à chacune le gros linge, l'assaisonnement des mets et 350 fr. (700 fr. en tout) pour frais d'entretien ; une sœur converse accompagne les deux sœurs hospitalières et ne reçoit de l'Administration que le pain, le blanchissage et le nécessaire pour l'assaisonnement des mets, celle-ci est chargée de la cuisine. Le traité est résiliable pour chacune des deux parties moyennant avis préalable de quatre mois.

Jusqu'à présent les trois sœurs ont suffi à tous les services, cuisine, buanderie lingerie, infirmerie, et même à l'entretien du jardin potager ; elles n'ont jamais d'auxiliaire étranger à l'Etablissement. — Depuis 1809, l'hospitalier n'existe plus.

Aumônier. — L'Hospice de Sommières est de trop faible importance pour comporter, comme les grands établissements similaires de Nîmes ou de Montpellier, la présence assidue d'un *aumônier.* Ce rôle est depuis longtemps rempli par le curé de la paroisse qui, le plus souvent, délègue son vicaire : il préside aux funérailles et vient célébrer la messe dans la chapelle de l'Hôpital, une fois par semaine. Une petite indemnité de 25 fr. lui est attribuée au budget sous le titre de *Frais de culte*. — Les services de l'aumônier protestant sont gratuits.

Médecins et Pharmaciens. — Gratuits aussi les soins du médecin : l'émulation pour le bien a toujours été l'apanage de cette profession. Nous voyons en effet, en 1823, MM. les docteurs Chalbos, Aldebert et Bonnaure, et le chirurgien *Rédarès* demander à partager avec Marc Dax et Vitou l'honneur de soigner les pauvres. L'Administration les remercia de leur zèle, mais déclina leur offre généreuse en disant que « ce » serait mal reconnaître les soins et le dévouement de » MM. Dax et Vitou que de donner des adjoints à ces » hommes estimables ». (*Délib. du 20 mars 1823*).

Le citoyen Vitou avait en effet reçu mission de soigner les indigents et les nombreux blessés recueillis par l'Hospice durant tout le cours de la Révolution française et avait continué à remplir la fonction de chirurgien jusques en 1832, époque de sa mort.

Le jeune docteur *Cléon Griolet* lui succédait alors comme chirurgien,

Quant au docteur Marc Dax, qui avait si chaleureusement offert ses services dès l'année 1800, (voir p. 152) il resta 38 ans médecin de l'Hospice et mourut le 3 juin 1837.

M. Cléon Griolet qui, depuis cinq ans, remplissait les fonctions de chirurgien en remplacement de Vitou, succède comme médecin à Marc Dax, tandis que Louis Rédarès, officier de santé, accepte le poste de chirurgien,

Cléon Griolet se démit le 30 juin 1843 ; *Alfred Renaud* lui succéda, mais pour peu de temps, et Rédarès resta seul.

A la mort de ce dernier, survenue en 1858, s'offrirent

MM. Gustave Dax, docteur, et Rodier, officier de santé. La science d'un seul paraissant alors devoir suffire aux besoins de l'Hospice, Rodier fut remercié et M. *Gustave Dax* prit le poste si longtemps occupé par son père. Il en resta titulaire durant 23 ans, mais, le 7 mars 1881, la Commission administrative, considérant que le docteur Gustave Dax « s'est constamment et ouverte-
» ment déclaré l'adversaire de la République soit en
» organisant des réunions légitimistes, soit en acceptant
» les fonctions de maire au 10 mai 1877, et que ses
» rapports avec le maire actuel, M. Edmond Boisson,
» président de la Commission administrative, ne
» pourraient que se ressentir de cette divergence
» d'opinions politiques, nomme à sa place le docteur
» *Emile Auquier,* dont le zèle pour les pauvres et le
» dévouement à la République ne se sont jamais
» démentis. » (*Délib. du 7 mars 1881*).

Emile Auquier prit sa retraite en 1884 et se retira à Beauvoisin, laissant comme successeur de sa clientèle Sommiéroise le docteur *Bourguet* que l'Hospice accepta aussi dès son arrivée.

Quant au pharmacien, il fournit les remèdes prescrits par le docteur, sinon à prix coûtant suivant l'ancienne tradition, du moins à des prix de faveur. La moyenne de ses notes annuelles est de 80 francs.

Personnel hospitalisé ; Régime intérieur. — Hommes et femmes malades et vieillards infirmes, sont admis à l'Hospice de Sommières, où des chambres spéciales leur sont réservées. Les repas s'y prennent dans un réfectoire commun.

De 6 heures du matin à 6 heures du soir, les hospitalisés jouissent d'une liberté complète, presque absolue : On ne leur demande qu'un peu de travail dans le jardin, la régularité aux heures des repas, la décence partout. Pour toute sanction à ce règlement familial, des remontrances paternelles ; rarement, si la faute est trop grave, la privation de vin pendant un jour ou deux.

Si des orphelins sont à recueillir, ils ne séjournent à l'Hospice que le temps nécessaire pour préparer leur admission dans l'un des établissements religieux de la ville de Nîmes. Alors la Fabrique et le Bureau de Bienfaisance s'entendent pour parfaire la subvention exigée. La *Société de Charité des Dames protestantes de la ville de Sommières* et le *Consistoire* s'occupent des orphelins protestants.

Les passants, depuis 1849, ne sont plus reçus dans la Maison : c'est le Bureau de Bienfaisance qui leur procure l'hospitalité de nuit et un petit repas dans une des auberges de la ville.

Jusques en 1851, on avait rigoureusement refusé les étrangers, malades ou vieillards des villages voisins ; mais l'Administration actuelle a dû souvent céder devant des situations intéressantes et dignes de pitié. Dans ce cas cependant l'admission n'a lieu que sur promesse de la part des parents, des amis ou de la commune, de payer une indemnité annuelle, en général très modique.

La Préfecture impose parfois à l'Hospice des malades de certaines localités dépourvues d'asile spécial ; dans ce cas, une redevance journalière de 1 franc est servie moitié par la commune d'origine et moitié par le département.

Actuellement le nombre de nos lits ne dépasse pas douze ; à la rigueur il est encore possible d'en établir un treizième ; mais, comme nous l'avons dit plus haut, ce n'est pas la place qui nous manque ; le jour où les hospices seront décrétés *cantonaux*, le nôtre possède d'assez vastes bâtiments pour suffire à tous les besoins nouveaux, et même, si les malheurs du temps l'exigeaient, une installation rapide, secondée par le patriotisme de la population et l'*Union des Femmes de France*, nous permettrait d'organiser immédiatement les secours nécessaires à vingt-cinq ou trente blessés, en cas de guerre.

ÉTABLISSEMENT CHARITABLE

fonctionnant parallèlement avec l'HOSPICE

BUREAU DE BIENFAISANCE

Jusqu'au moment où la loi du 7 frimaire an V vint inst'tuer et organiser les Bureaux de Bienfaisance destinés à l'assistance des infortunes momentanées, les Administrateurs de l'Hôpital de Sommières, avec l'aide des Dames de Miséricorde, avaient distribué les secours à domicile ; durant de longs siècles, il n'avait existé à Sommières qu'une seule caisse où tous les genres de revenus venaient se confondre. Cette confusion avait parfois des conséquences regrettables. La loi précitée vint y mettre un terme : à côté de l'Hospice, elle créa le Bureau de Bienfaisance et dota ces deux établissements d'une Administration et d'une caisse particulières à chacun d'eux,

Pour être entièrement juste, cependant, la loi eût dû ordonner un partage proportionnel du revenu des Hospices au profit des Bureaux de Bienfaisance, puisque les Hospices n'avaient plus désormais à leur charge que les vieillards et les malades. Quant à la distinction des deux Administrations, la loi du 8 juin 1812 vint un peu plus tard l'abolir en investissant de l'une et l'autre fonction le même personnel, mais les dotations restèrent séparées.

Cinq membres furent placés à la tête du Bureau de Bienfaisance, plus un Receveur recevant et payant: l'un des cinq administrateurs, avec le titre d'*Ordonnateur,* mandatant les dépenses,

Les revenus des Bureaux de Bienfaisance ne furent
d'abord et uniquement constitués en France que par le
dixième perçu sur les recettes des spectacles publics;
puis diverses lois firent encore entrer à leur actif les
rentes de certaines institutions charitables supprimées
par la Révolution. Mais aucune de ces branches de
produit ne pouvait rien apporter à la caisse du Bureau
de notre petite ville, qui fut toujours dépourvue de
théâtre public et qui n'avait jamais eu d'autre institution
de charité que son Hôpital.

Aussi, les nouveaux Administrateurs n'attendirent-ils
pas d'y être autorisés par l'arrêté du 5 prairial an XI
pour collecter publiquement, établir des troncs dans
les lieux de culte et quêter pour les pauvres. C'est bien
longtemps après, seulement, que l'Ordonnance du
6 décembre 1843 disposa que toute concession de
terrain dans les cimetières serait payée en un capital
déterminé, dont deux tiers profiteraient à la Commune
et un tiers au Bureau de Bienfaisance.

La première réunion des membres du Bureau de
Sommières se tint à la Mairie, sous la présidence de
Viger, maire, le 19 janvier 1808; MM. Croye (1), Guillaume
Planque (1), J. Joseph de Lamonie, Jean Louis Dumas, propriétaire, et Albaret, notaire, y furent élus administrateurs; mais ces deux derniers, remplissant déjà pareille
fonction à l'Hospice, crurent devoir se récuser. On mit
à leur place MM. Etienne Aubanel et Jean Louis Seguin (1);
J.-J. de Lamonie fut nommé ordonnateur, et Barthélemy
Cadel, conformément aux instructions préfectorales,
receveur gratuit; MM. Marc Dax, Vitou et Chalbos
briguèrent et obtinrent l'honneur de soigner gratui-

______

(1) Le petit-fils de Croye, un descendant de Guilhaume Planque,
et le fils du notaire Seguin sont tous les trois morts récemment à
l'Hospice de Sommières qui les avait recueillis.

tement les pauvres, en se partageant les différents quartiers de la ville.

Ainsi constituée, la Commission administrative fut installée en grande pompe, avec discours solennels, musique et promenade en cortège par toutes les rues de la cité. Rentrée à la Mairie, elle se dispersa en divers groupes pour quêter, chacun de son côté, au profit de la nouvelle institution; le Receveur entra aussitôt en fonction avec un fond de 489 francs.

Il fut immédiatement décidé que des secours en pain, pour une somme de 104 francs, seraient distribués à 38 familles et qu'un peu de viande serait donnée à quelques malades, mais sur l'avis du médecin seulement.

Tous les ans, au mois de février, la même collecte se renouvelait dans les mêmes conditions ; elle produisait, avec les troncs de l'église et du temple, une moyenne de 400 à 500 francs qu'on distribuait avec la plus stricte parcimonie. C'est ainsi, par exemple, que pendant l'hiver très dur de 1812 à 1813, la Commission administrative fixe d'abord à 37 kilogrammes la quantité de haricots à distribuer pour la première quinzaine du mois à 19 familles ; dans la période suivante, le nombre des familles à secourir est porté à 41, mais la quantité de légumes reste la même. Cependant les rigueurs de l'hiver augmentent et le nombre des pauvres aussi : 55, puis 69, puis 70 familles sont dans la nécessité de recourir aux libéralités du Bureau de Bienfaisance, qui se décide à élargir ses dons ; on distribue jusqu'à 762 kil. de pommes de terre pendant la première quinzaine de février, 122 kil. de haricots à la suivante et, pendant le mois de mars, 254 kil. du même légume.

Achetée en gros, cette denrée coûtait 38 fr. 45 les 100 kilogrammes ; le prix des pommes de terre atteignait 6 fr. 50.

Mais quels que fussent les besoins, on arrivait toujours à peu près à leur hauteur : l'institution nouvelle était sympathique et attirait les dons.

Est-ce cette raison ou toute autre qui, un beau jour, inspira au Préfet du Gard l'idée de supprimer l'Hospice pour employer ses revenus en secours à domicile ? — Cette proposition rencontra un froid accueil auprès de la Commission administrative qui, le 8 juin 1812, protesta contre pareil projet, faisant ressortir d'abord combien peu il serait économique d'avoir à payer en ville un loyer pour chacun des invalides ou des malades indigents abrités à l'Hospice ; puis la difficulté de fournir tant de secours à perpétuité ; enfin, l'utilité incontestable d'un Hôpital dans une ville de passage comme Sommières ; d'ailleurs, faisait-elle justement observer, l'Hospice a été fondé par des libéralités dont l'emploi bien spécifié ne peut recevoir d'autre destination.

Le Préfet se rendit ; et c'est alors que, sur l'avis de la Commission, il autorisa la fusion des deux Administrations de l'Hospice et du Bureau de Bienfaisance, tout en maintenant la séparation de leurs comptabilités.

Par décret du 30 juin 1812, Louis Bonnaure avait été nommé Receveur.

Le Bureau était renouvelable par cinquième ; tous les ans un état des propositions était dressé, faisant connaître les noms des candidats, leur âge, leur profession et même leur fortune ; le membre sortant pouvait être réélu.

Cette composition des Commissions administratives est restée immuable jusques en 1873, où la loi du 21 mai vint la modifier en ajoutant aux cinq membres renouvelables, le plus ancien curé de la paroisse et le maire pour président.

Enfin la loi du 5 août 1879, qui nous régit actuellement, sans exclure positivement de cette commission l'élément ecclésiastique, met au nombre de ses membres deux délégués du Conseil municipal et réduit à quatre le nombre des Administrateurs qui deviennent renouvelables par quart, l'Ordonnateur étant choisi parmi eux, le Maire restant président.

Depuis plus de vingt ans les petites ressources du Bureau de Bienfaisance n'ont cessé de s'accroître malgré les réductions que leur a fait subir à plu urs reprises la conversion des rentes sur l'État. Mais cet accroissement, qui s'était très lentement et péniblement opéré, puisque, en 1891, le chiffre des revenus atteignait de ce chef à peine 380 francs, s'est tout à coup augmenté de 500 fr. de rente échus au Bureau de Bienfaisance en vertu de l'interprétation par le Conseil d'Etat du testament de Mme DE CHAMBDURE, née SAUSSINE.

D'un autre côté, la ville de Sommières ayant décidé, en 1888, l'agrandissement du cimetière qu'elle avait établi en 1801 sur la rive droite du Vidourle, et acheté à cet effet un vaste terrain à la suite, les demandes de concession à perpétuité affluèrent, venant ainsi apporter à la caisse des pauvres un nouvel élément de recettes : on sait en effet que le tiers du produit de ces concessions est affecté aux Bureaux de Bienfaisance. L'importance de ce produit varia, dans les premières années, entre 300 et 1,000 francs ; elle est encore assez soutenue, mais un temps d'arrêt est probable.

En l'état, on peut établir ainsi la moyenne du budget des RECETTES :

En rentes sur l'État, pour . . . . 900 fr.
En concessions de terrain dans les cimetières 400

Total des Recettes . . , ... 1,300 fr.

Et celui des DÉPENSES :

Traitement du Receveur.	33 fr.	
Pain et denrées alimentaires.	850	1,283 fr.
Médicaments	100	
Secours divers	300	

d'où, un bien léger excédent de recettes.

Malheureusement, en raison de la disparition presque totale de toute industrie à Sommières et de la crise agricole persistante depuis la destruction du vignoble par le phylloxéra, mais surtout à cause de la grande facilité avec laquelle sont distribués les secours et qui pousse à l'abus des demandes, les besoins semblent s'accroître avec les ressources, et, disons-le, avec le développement du luxe parmi la population ouvrière elle-même. Il y avait plus de simplicité autrefois.

Quoi qu'il en soit, notre modeste établissement rend de très réels services. Il fonctionna quelques temps sous le nom de *Bureau de Charité,* transformé plus tard en celui de *Bureau de Bienfaisance.* L'un et l'autre de ces titres ne disent que trop la nature des services sollicités et rendus; bien des malheureux refusent de subir cette humiliation et préfèrent souffrir en silence. Un temps viendra, que nous appelons de tous nos vœux, où notre organisation sociale plus prévoyante, plus favorable aux humbles, leur créera les moyens de traverser plus honorablement les périodes d'infortune en aidant à leur relèvement.

NOMENCLATURE

des

ADMINISTRATEURS DE L'HOSPICE

et

DU BUREAU DE BIENFAISANCE

depuis la fusion des deux Commissions

1812. — JACQUES JOSEPH DE LAMONIE, JEAN LOUIS DUMAS ; FRANÇOIS DUCROS FILS, MARTIAL GERMAIN, pharmacien ; GUILHAUME PLANQUE ; Jean Louis Dumas, vice-président ; de Lamonie, ordonnateur, F. Ducros fils, secrétaire ; LOUIS BONNAURE, receveur.

1819. — Jean Louis Dumas, en raison de son âge est remplacé par JEAN LOUIS SEGUIN, notaire, aussitôt nommé vice-président ; de Lamonie cède la fonction d'ordonnateur à Martial Germain ; CLAUDE CAUSSE AÎNÉ, succède à Guilhaume Planque, décédé.

1820. — PIERRE RANDON, négociant, succède à C. Causse.

1823. — De Lamonie, nommé maire, est remplacé par le baron DE VIBRAC.

1824. — PAUL CROYE, propriétaire, succède à Martial Germain ; F. Ducros fils est fait ordonnateur ; J.-L. Seguin, vice-président, est remplacé en cette qualité par de Vibrac, et par ÉMILE BOISSON, comme membre ordinaire et secrétaire.

1828. — RENÉ MAURIN succède à Pierre Randon.

1826. — Le baron de Vibrac se retire ; Joseph PAGÈS, curé, âgé de 74 ans, le remplace. Un percepteur payé remplace désormais l'ancien receveur gratuit qui, depuis 1812, avait été Louis Bonnaure.

1828. — François FIGUIER prend la place de Paul Croye nommé juge de paix ; on l'investit des fonctions d'ordonnateur pour suppléer F. Ducros qui se retire.

1829. — Barthélemy CADEL prend la place d'Émile Boisson, démissionnaire.

1830. — 1er janvier. Jean GRIOLET, dit Blondin, succède à René Maurin.

1830, — 30 novembre. PORTALIER père ; Marquis de SAILLAN : Emilien DUMAS, géologue, remplacent Griolet, le curé Pagès et B. Cadel, démissionnaires. François Figuier reste ordonnateur.

1832. — Marc DAX, médecin et MÉJEAN André remplacent le marquis de Saillan et Fr. Ducros, démissionnaires.

1837. — François VINCENT fils, propriétaire, succède à Marc Dax, décédé.

1843. — Léonce de Rébillot Vicomte d'OREAUX remplace Portalier. Edouard FIGUIER, supplée François Figuier. François Vincent est élu vice-président.

1847. — Joseph Samuel MÉJEAN remplace André Méjean.

1848. — Henri FRANC remplace J. S. Méjan ; Ulysse BOISSON, pharmacien, remplace René Maurin.

1850. — Ernest PENCHINAT, remplace Edouard Figuier, démissionnaire.

1855. — Camille RANDON, succède au vicomte d'Oreaux.

1857, — Louis COMBE, remplace C. Randon, démissionnaire.

1859. — Ulysse Boisson prend la fonction d'ordonnateur, jusqu'en 1879.

1861. — Victor LABAUME succède à François Vincent.

1871. — Louis CAUSSE succède à Emilien Dumas, décédé en septembre 1870. ÉMILIEN-DUMAS était resté membre de la Commission administrative de l'Hospice et du Bureau de Bienfaisance depuis 1830, sans interruption ; pendant 40 ans, malgré les grands travaux géologiques qui ont honoré sa vie, enrichi son pays et la science, il avait participé très assidûment à presque toutes les délibérations de ces deux Commissions charitables où son passage reste profondément marqué.

1873. 30 octobre. — En vertu de la loi du 21 mai précédent, la Commission administrative de l'Hospice et du Bureau de Bienfaisance est ainsi constituée : Jules ROUX, maire-président ; ÉTIENNE, curé, 1er vice-président ; MARCHAND, pasteur, 2me vice-président ; Ulysse Boisson, ordonnateur ; Victor Labaume, secrétaire ; Louis Combe ; Ernest Penchinat ; Louis Causse.

1876. — MARTIN, adjoint, succède à Jules Roux, décédé.

1877. — J. RUNEL-CAUSSE, maire-président remplace Martin.

1877. 16 mai. — Gustave DAX, médecin, maire-président, remplace Runel.

1878. — Frédéric GAUSSORGUES, maire, remplace G. Dax.

1879. — Albert CHRESTIEN, notaire, succède à Victor Labaume, comme membre ordinaire et secrétaire.

1879. 23 décembre. — En vertu de la nouvelle loi du 8 août précédent, la Commission administrative est ainsi composée :

Frédéric Gaussorgues, maire-président; deux membres du Conseil municipal, qui doivent suivre le sort de ce Conseil, MM. J. Runel-Causse et FRANÇOIS CADEL; quatre membres renouvelables par quart :

Ernest Penchinat, renouvelable en 1880 ;
JUNIUS CAMP, renouvelable en 1881;
LOMBARD-DUMAS, renouvelable en 1882;
Louis Causse, renouvelable en 1883.

Lombard-Dumas est élu ordonnateur et remplit la fonction de secrétaire.

1881. — EDMOND BOISSON remplace, comme maire-président, Frédéric Gaussorgues, élu conseiller général du canton de Sommières; les séances sont parfois présidées par FERMAUD, notaire, adjoint au maire.

1882. — ALPHONSE OLIVIER remplace, comme maire-président, Edmond Boisson.

1885. — ÉMILE MÉJEAN, remplace Ernest Penchinat, démissionnaire pour raison d'âge.

1887. — JEAN CAUSSE, succède à son père Louis Causse.

1888. — JULES ROUMAN, conseiller municipal, remplace Runel; Frédéric Gaussorgues, conseiller général et réélu maire, remplace Alphonse Olivier; son adjoint, Louis JEANJEAN, négociant, préside le plus souvent.

1891. — Louis Jeanjean, élu maire, à son tour remplace comme président, Frédéric Gaussorgues, nommé député de l'arrondissement du Vigan; Boudoux, coiffeur, conseiller municipal, succède à Fr. Cadel.

1804. — BONNEFOND, coutelier, conseiller municipal, remplace Junius Camp. Louis Jeanjean, maire démissionnaire, est remplacé par Edmond Boisson;

Pierre GAUTIER fils remplace Jules Rouman, démissionnaire.

1898. — Henri MARGAROT, mécanicien, conseiller municipal, remplit les fonctions de maire-président au lieu d'Edmond Boisson, démissionnaire ; A. GRIOLET, tonnelier, conseiller municipal, remplace Bonnefond ; Louis Jeanjean, réélu maire, préside.

SUITE

ajoutée pendant l'impression, en 1901 :

1900. — Hippolyte GAUSSEN, élu maire, préside la Commission toujours composée de MM. Émile Méjean, Jean Causse, Boudoux, Pierre Gautier fils, A. Griolet, et Lombard-Dumas, qui, nommé ordonnateur et secrétaire en 1879, continue à remplir cette double fonction depuis cette époque.

TABLE

ALPHABÉTIQUE